# 目次

1

評論

# 『グローバリゼーションとは何か』

伊《い》豫《よ》谷《たに》登《と》士《し》翁《お》

中央大学（改）

目標解答時間 25分

本冊（解答・解説） p.14

「われわれ」＝ネーションと、グローバリゼーションとの関係を読み取ろう。

**次の文章を読んで、後の問に答えよ。**

人々が地球的な規模で交流するようになるということは、もう一方で「われわれ」という範囲を明確な境界によって確定する時代になったことでもあります。ここで「われわれ」というのは、これまで一度も会ったこともなく、何ら共通した接点を持ちえなかった人々が、共通した祖先・神話のようなある経験を共有していたかのごとくに想像される範囲の人々のことです。もちろん、こうした「われわれ」のなかに、［(1)］にはるか昔に遡《さかのぼ》って起源を求めることができる共同体あるいは村、族などと呼ばれる集団が存在したことはあるでしょう。また、帝国といわれる国家が存在したことも間違いありません。

しかしながら、「われわれ」という集団が、最初から、共通した帰属意識を共有してきたわけではありません。近代という時代においては、共通の言語・国旗や国歌・モニュメントや神話、歴史や文化などの、帰属意識を作りだす装置が、大きな意味を持つようになったということです。移民は、こうした帰属意識が生まれる一つの事例です。移民は、しばしば外国に渡って初めて、お互いに同郷の出身者としての帰属意識を持ったといいます。そして同郷出身者の集団が相互扶助的なコミュニティを形成し、そのことが、今度は母国のナショナルなアイデンティティを構築するのに大きな役割を果たしたのです。

さらにいえば、ある集団が、(2)に厳密に範囲を設定できるわけではなかった。むしろ、曖昧な領域に多くの人々が存在したのです。こうした曖昧な領域に境界を設けて、「われわれ」の範囲を暴力的に画定したのが近代国家です。しかも「われわれ」の範囲は、必ずしも、言語や習慣や宗教などの共通性によるものではありません。むしろ、(3)境界の画定の過程で、共通の言語や共通の祖先などの神話が創りだされたのです。明示的であれ(4)であれ、外からの恐怖によって生みだされた共通の敵に対して、集団意識が強化されてきたのです。こうした「われわれ」は、ネーション（国民）と呼ばれます。その意味で、近代こそが、それ以前のさまざまな制度や規範を押しつぶし、組み替えて、他者との差異化を導入したのです。あるいは共通経験を共有してきたと想像され、創造されるのです。

しかしながら、ネーションが想像の産物だからといって、それが権力を持たないといっているのではありません。むしろ想像であるがゆえに、そして日々想像され続けることによって、柔軟に変化し、権力は維持され強化されてきたのです。現代のナショナリズムを理解する鍵はこの点にあります。グローバリゼーションの時代において、ネーションの柔軟性（フレキシビリティ）や再帰性（リフレキシビリティ）は、明確になったと考えられます。すなわち時代の変化に適合するとともに、時代の(5)ヨウセイを取り込んできたのです。それゆえに、国民国家が想像であるといっただけでは、ナショナリズムを批判したり、克服したりしたことにはならないのです。「われわれ」と他者とを分離し続ける、それが想像の共同体としての国民国家であるわけです。

重要なのは、多様な帰属のあり方がネーションへと一元化されて、「われわれ」と他者へと分割されてきたということです。あるいは人々の多様なアイデンティティにおいて、ナショナル・アイデンティティが特別の位置を占めるようになったということです。しかも実際には、どの範囲までを「われわれ」にするのかは、かなりの程度恣意的あるいは偶然であったのですが、そこに暴力的に境界が設定されたのです。さらに、境界に置かれた人々は、自立するのか、どこに帰属するのか、自由に選択しえたわけではなかった、という点です。ネーションから免《まぬか》れる道は、残されていないのです。（中略）

「われわれ」という範囲は、そのなかの多様な習慣や規範を一律に均質な空間へと転換してきました。境界に置かれた人々は、否応《いやおう》なく、[ (6) ]に「われわれ」に編入、あるいは「われわれ」から排除されたわけです。それにもかかわらず、国境という形で境界が引かれて、(7)イッキョにあるいは徐々に範囲が決められることになりました。もちろん、その境界は、その後の内戦や戦争などによってしばしば変更されてきましたし、周知のように冷戦体制の(8)ホウカイは、多くの新しい境界を作りだすことになったのです。

「われわれ」と他者の差異を国境によって画定するようになり、そうした境界の画定はその後に、数多くの国民国家へと分割されることになりました。近代は、交通手段の飛躍的な発展によって文字通り地球的な規模での統合化を推し進めるとともに、最終的には地球上のあらゆる地域をネーションへと分割する差異化の時代です。この統合化と差異化、(9)ホウセツと排除の過程で、人々は単一の帰属を強制され、ネーションはさまざまなアイデンティティのなかで特権的な地位を獲得したのです。近代とは、さまざまなホウセツと排除が繰り返されてきた時代であり、グローバリゼーションは、その延長上にあります。

このような境界の形成を考えてみたときに、境界を越えるという活動そのものは、むしろ境界があるからこそ、越えるという意味が生まれてくるのだ、ということになります。境界を越える移民も、国民があるから移民という現象が生まれてきたわけです。すなわち、国民国家の形成がグローバリゼーションを創りだしたのであり、グローバルとナショナルとは、グローバルな勢力が拡大すれば、ナショナルな勢力が(10)スイタイする、といったようなゼロ＝サム*ではない。ナショナルな境界が作られたことによってグローバルという意識が生みだされたのです。

**注** ＊ゼロ＝サム…一方が利益などを拡大すると、それと同じ分、もう一方が損をし、全体としてプラスマイナスがゼロになること。

**〔問一〕** 傍線部(5)(7)(8)(9)(10)のカタカナを漢字に改めなさい（楷書で正確に書くこと）。

| (5) | (7) | (8) | (9) | (10) |
|---|---|---|---|---|
| | | | | |

2点×5

**〔問二〕** 空欄(1)(2)(4)(6)に入れるのにもっとも適当なものをそれぞれ左の中から選び、符号で答えなさい（同じものは二度用いてはいけません）。

A 強制的　B 固定的　C 潜在的
D 急進的　E 流動的　F 歴史的

| (1) | (2) | (4) | (6) |
|---|---|---|---|
| | | | |

2点×4

〔問三〕 傍線部(3)「境界の画定の過程で、共通の言語や共通の祖先などの神話が創りだされた」とあるが、それはなぜか。その説明としてもっとも適当なものを左の中から選び、符号で答えなさい。

A 集団を形成するには、人間同士の関係の中で互いを理解していくという過程が必要だったから。
B 集団をどのようにして維持運営していくのかという方向性を、人々が共有していなかったから。
C 言語・国旗・文化など、何に自分のアイデンティティを感じるかは重要ではなかったから。
D 帰属している集団を支えていこうとする共通の意志が芽生えるまでには時間がかかったから。
E 統一的なものを持たない人々に、同じ集団に属しているという帰属の意識を持たせる必要があったから。

4点

〔問四〕 本文中では「われわれ」という語にかぎかっこがつけられているが、それはなぜか。その説明としてもっとも適当なものを、左の中から選び、符号で答えなさい。

A 圧倒的な多数の人々を一つの概念に括《くく》っているために、かぎかっこをつけている。
B 以前から多くの人々に共有された概念であることを示すために、かぎかっこをつけている。
C 近代に人為的に境界が決められた集団であることを示すために、かぎかっこをつけている。
D 他者との差異を強調するため、特に集団の場合にかぎかっこをつけている。
E 私という個人と区別するため、特に集団の場合にかぎかっこをつけている。

〔問五〕 次のア〜オのうち、筆者の考えに合致するものにはAを、合致しないものにはBを記せ。

ア 近代以前にも国家はあったが、近代になってからの国家とは意味が異なる。

イ 共通の言語を持っていたことが一つの国家を形成する上で重要な要因として作用した。

ウ 境界を引くことの恐ろしさは、いったんそれを画定すると変更できなくなる点である。

エ 国民という概念は、想像の産物であるがゆえに、常に流動化の危険にさらされている。

オ グローバルという意識は、国民国家という概念が成立することによって生じた。

| ア | | イ | | ウ | | エ | | オ | |
|---|---|---|---|---|---|---|---|---|---|

3点×5

（前問解答欄）3点

40点

〔出典：伊豫谷登士翁『グローバリゼーションとは何か―液状化する世界を読み解く』（平凡社）〕

2

評論

# 『〈死〉の臨床学　超高齢社会における「生と死」』

村上陽一郎《むらかみよういちろう》
立教大学

目標解答時間　25分

本冊（解答・解説）p.25

生物全体に当てはまる遺伝子論と、筆者のいう、人間のみに当てはまる「文化」の存在を対比的にとらえよう。

**次の文章を読んで、後の問に答えよ。**

動物の場合、死は一応個体を前提としていると言ってよい。勿論《もちろん》、動物に分類されるもののなかにも、個体という概念が十分には当てはまらないものもあるが、多くの動物では、個体の誕生とその存続、そして、それが不可能になるという事態とが、両輪となって、生死が生まれる。そして、この事態は、ヒトにあっても全く変わりはない。その意味で、死は、ヒトも含めた生命体一般にとって、「普遍的」と言うことができる。

もっとも、現在の進化理論では、動物においても、(1)個体という概念の持つ重みが、かつてよりは遥《はる》かに軽くなっている。そうした考え方の基礎になっているのは、幾つかの哺乳類で確認されている「子殺し」という現象である。ライオンを例にとろう。ライオンは一頭のオスを中心に数頭のメスとその未成熟の子供たちが群れを造って生活する。子育て中は、メスは発情しない。そこへ、別のオスが入り込むことがある。言わば家長の地位の簒《さん》奪《だつ》、つまり一種王朝の革命である。革命が成功して、これまでの家長が(イ)ホウチクされ、新しいオスがその群れを率いることになると、その群れのなかにいた子供たちは、新しい家長によって殺されてしまう、という現象がしばしば観察されている。成育中の子供たちがいる間は、メスが発情しないため、新しいオスに、交尾の機会が与えられないこと、自分とは無関係の子供たちを、大きなエネルギーを使って育て上げることは無駄と思われること、などが原因であると思われるが、ライオンの一頭一頭の個体が、そのような「計算」をした上で行動しているとは考え難い。

　そこで、R・ドーキンス(注1)は、ポイントは個体にはなく、その個体を支える「遺伝子」にある、という説を立てた。かつて近代遺伝子遺伝学の祖であるA・ヴァイスマン(注2)が、「生殖質」という概念にたどり着いた際、個体を作り上げている「体質」は死によって滅びるが、個体を生み出した「生殖質」の方は、次の世代へと受け継がれていくがゆえに、長い間「保続する」という、生殖質の「保続説」を立てた。ドーキンスもまた、個体は、遺伝子を受け継がせる運び手（ヴィークル）に過ぎず、遺伝子こそが物語の主役であると考えた。遺伝子自体が、如何《いか》に自らの保続性を発揮できるか、さらにより広く展開することができるか、という点での戦略をプログラムとして持っており、その戦略に従って、その運び手たる個体は行動するのだ、と考えるのである。そう考えれば、ライオンの子殺し行動は、[a]的に理解できることになる。やや文学的表現ながら、ドーキンスは遺伝子の持つそのような性格を「利己的遺伝子」と名付けたのであった。

　しかし、考えてみると、遺伝子の「利己的」な戦略が、生命体の基本原理だとすると、[b]と思われる問題が生じる。それは、性の分岐による生殖という現象である。有性生殖とは、父方と母方の異型の遺伝子が混じり合うことを言う。もし、自分の遺伝子を保続させることが至上命令ならば、この現象は、明らかにその至上命令に反するのではないか。つまり、クローニング(注3)が最善の戦略になるはずではないか。ドリー羊で一躍有名になった「クローン」は、母体と全く同じゲノム（遺伝子のセット）を持った後継世代の産生を意味する言葉である。そして確かに、現生の植物のなかには、ソメイヨシノのように、クローニングで展開している種も少なくない。動物にも、雌雄の区別のない種や、雌雄同体、つまり同じ個体のなかに、雄性と雌性とを兼有している種もある。しかし、一般的に見れば、子孫を残す方法の基本が、有性生殖であり、雌雄同体であっても、有性生殖的方法は受け継がれている以上、それが遺伝子の持つ戦略性の一つとならざるを得ないとすれば、遺伝子は何故一見「利己的戦略」に悖《もと》るように見える「有性生殖」という形をとる方向に進化したのだろうか。

(2)人間社会では、同家系内での結婚を禁じたり、抑制したりする風習がある。人間の場合は、恐らくは、そうしたタブーを持たないコミュニティが脆弱《ぜいじゃく》性を持つことを、経験の積み重ね、言い換えれば記憶、もしくは記録に基づいて、大脳が理解し、判断した結果生まれた風習であると考えることもできる。同じ遺伝子型を長く保続することは、経験的なデータによっても、有利な戦略とは言えないらしい。しかし、動物一般としては、有性生殖によって遺伝子型を変更することが、そうした経験の記憶・記録による判断の結果と見なすことは難しい。であるとすれば、同一の遺伝子をひたすら後継世代に繋《つな》いでいくことが最終目標であるにもかかわらず、それを追求するときに生じる「弱さ」を避けるために有性生殖を行うという選択が、やはり遺伝子の戦略のなかに組み込まれていると考えるのが自然だろう。

それはともかく、人間が、自らを「死すべき」ものとして自覚していることだけは確かだろう。従って、ドーキンスの「利己的遺伝子」という概念が公表された際には、むしろ反発というか、無理解に基づく否定的な意見も少なくなかった。

言い換えると、如何に自らの遺伝子が保続のプログラムを持ち、子供を持つことで、あるいは子供をもつための行為を行うことで、連続性のプログラムに従っているとしても、なお、(3)人間は自らの死ということを、決定的な不連続のように解釈することに慣れている。それは「体質」が滅びることだけではなく、一人の人間の意識、想念、感覚、意志、技能などが、死によって断絶するという、死の理解によって支えられた、抜き難い発想があるからであろう。

それは一つには、人間の個体は、幼い頃に不自然な死に、その命を奪われる場合を除いて、成人するに当たって、遺伝子の発現結果に加えて、極めて豊かな、その個人に特有の資質に基づく後天的な様々な機能と特質を獲得するからであろう。名演奏家としての類いまれな力量、誰もが真似《まね》られないような職人としての高度な技量、国際社会の中で(ロ)ツチカった幅広い語学力と鋭い洞察力……。一人ひとりの個人は、そうした特質を自らの中に養い、育て、活用してきた。社会もまた、そうした個人の働きによって支えられ、発展を遂げてもきた。しかし、死は、そのすべてを一瞬のうちに無にしてしまう。

勿論人間は早くからこのことに気付いていた。言葉をもった人間は、最初は口承によって、つまり言い伝えによって、やがては文字や紙のような記録媒体を発明して、一人の人間の熟練や機能の要諦《ようたい》を書き残し、あるいはどこのコミュニティにも、早くから存在していた「学校」に類するものを通じて、二次的に獲得された一切を、何とか後継世代に繋いでいこうと、懸命な努力を積み重ねてきている。

死によって生まれる非連続性、断絶を乗り越えようとする、このような人間の二次的な生産物の総体を、私たちは「文化」と呼ぶのではないか。言い換えれば、(4)文化は「死」のなかから生まれてきたことになる。人間は、遺伝子を保続させようとする生物学的な動物であると同時に、死を知る動物でもある。そして死を知ることによって、継承すべき文化を生み出す。ゆえに人間だけが、そういう意味での文化を持つ動物になった、という論理が成立することになる。

注

1 R・ドーキンス――イギリスの進化生物学者・動物行動学者（一九四一〜）。

2 A・ヴァイスマン――ドイツの動物学者で、発生学や遺伝学、進化生物学を専門とした（一八三四〜一九一四）。

3 クローニング――一つの細胞や個体とまったく同じ遺伝子の構成をもつ細胞や個体の集団（クローン）を作製すること。なかでも、親の体細胞から作製された世界初の哺乳類のクローンとして有名なのが、一九九六年に誕生した雌羊のドリーである。

(A) 二重傍線部(イ)・(ロ)を漢字に改めよ。（ただし、楷書《かいしょ》で記すこと）

| (イ) | (ロ) |
| --- | --- |
| | |

2点×2

2

**(B) 傍線部(1)について。その説明として最も適当なものを、次のうちから一つ選び、番号で答えよ。**

1 動物の死を考えるときに、いまや個体という概念を前提にする必要性がなくなりつつあるということ。
2 現在の進化理論においては、必ず死を迎える個体よりももっと重要視される他の概念が存在するということ。
3 個体という概念にこだわりすぎると、現在の進化理論のさらなる発展にとって妨げになるということ。
4 いくつかの動物の「子殺し」現象をふまえると、動物の個体はとてもたやすく失われてしまうということ。
5 動物の個体の死は人間よりもずっと日常的であり、今の進化理論において重要性が低いということ。

| |
|---|
| |

4点

**(C) 空欄 a ・ b にはそれぞれどのような言葉を補ったらよいか。最も適当なものを、次のうちから一つずつ選び、番号で答えよ。**

a　1 例外　2 物語　3 感情　4 利己　5 合理
b　1 矛盾　2 困難　3 無駄　4 極端　5 偶然

| a |
|---|
| |
| b |
| |

2点×2

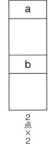

(D) 傍線部(2)について。その風習の成立を説明する以下の文章の空欄 イ ・ ロ にはどのような言葉があてはまるか。本文中からそれぞれ十六字で探し出し、初めの五字を記せ。(句読点や記号があれば、それも字数に含む)

動物の場合には有性生殖が イ いるのに対して、人間の場合には、 ロ としてそのような風習が生まれたと考えられる。

| イ | | | | | ロ | | | | |
|---|---|---|---|---|---|---|---|---|---|
| | | | | | | | | | |

3点×2

(E) 傍線部(3)について。その説明として最も適当なものを、次のうちから一つ選び、番号で答えよ。

1 自らの死は必ずしも不連続を意味しないのだが、それを認めてはならないと習慣づけられている。
2 自らの死が決定的な不連続だという解釈には、異論を唱える余地が存在しない。
3 自らの死による不連続は乗り越え可能なものだが、その可能性に気づくのはなかなか容易でない。
4 自らの死は決定的な断絶であるという考えを、疑問を持つことなく当然のように受け入れている。
5 自らの死が決定的な不連続であるという忘れてはならない知識は、何世代にもわたり語り継がれてきた。

4点

2

(F) **傍線部(4)について。それを説明する以下の文章の空欄に、句読点とも三十字以上四十字以内の言葉を補い、文章を完成させよ。**

人間の個体が「死」により滅びても、その遺伝子は保続のプログラムにより後の世代に継承され、発現する。しかし他方で個人の「死」によって、［　　］。「死」を知る存在である人間は、それらを後の世代に継承する努力を重ねており、そうして獲得されたものの総体が「文化」である。

6点

(G) 次の各項について、本文の内容と合致するものを1、合致しないものを2として、それぞれ番号で答えよ。

イ　死が生命体一般に普遍的であるとは、どんな生命の個体にも誕生と存続、それが不可能になる事態を見出せることを意味する。

ロ　ドーキンスが提唱した「利己的遺伝子」は、ライオンなどの動物の行動を一種の文学として表現するために発明された概念である。

ハ　遺伝子の「利己的」な戦略は、個体の生死にかかわらず自らを長く保続し、また広く展開しようとするものである。

ニ　人間社会の発展は、利己的遺伝子を十分に発現させることにより高度な技量や特質を発揮した先人たちがもたらした。

| イ | ロ | ハ | ニ |
|---|---|---|---|
| | | | |

3点×4

［出典：村上陽一郎『〈死〉の臨床学　超高齢社会における「生と死」』（新曜社）］

／40点

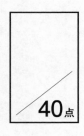

3

評論

# 「『幽霊』のこと―見えないものとの闘い」

鈴木《すずき》忠志《ただし》

青山学院大学（改）

目標解答時間 20分

本冊（解答・解説） p.37

「幽霊」という比喩の意味を考え、「幽霊」に対するイプセン、そして筆者の立場を考えよう。

**次の文章を読んで、後の問に答えよ。**

世界の演劇史の中で、1その時点では認められなかったとしても、後世に強い影響力を与えつづけたものは、その時代の社会道徳やものの考え方と激しく衝突した芸術家の作品が多い。むろん、これは演劇だけに限らない。言葉に関わる表現ジャンル、宗教活動や思想運動、文学などにも見られる現象である。

彼らの作品や行動は、政治権力や民衆の怒りを買い、弾圧されたり迫害されたりしている。演劇の世界にも、こういう人たちが何人かいるが、劇作家をみると、それほど多いわけではない。その中でも、世界的にその闘いの軌跡がよく知られている一人に、ノルウェーのヘンリック・イプセン（一八二八―一九〇六年）がいる。第二次大戦以前の日本の演劇人が A とした作家でもある。

イプセンは、現在の人々が現代演劇というと思い浮かべるような、近代自然主義リアリズムという演劇様式を確立した第一人者とされる。家庭生活での人間関係や日常生活行為の断片をとらえ、その裡《うち》に隠されている人間の苦悩を表現する戯曲の形式を創り出したのである。そこに描かれる人間、2 それは主人公といわれる登場人物であることが多いが、その主人公の口や行動を借りて、イプセンは既成道徳や宗教の倫理、当時の社会の不正や偽善を告発しようとした。

彼の代表作「幽霊」（一八八一年）の主人公アルヴィング夫人は、宗教倫理に基づいた義務や責任感で、人間の行動や欲望を束縛しようとしたキリスト教の牧師に対して、次のような発言をする。

「法律、習慣。この世ですべて悲惨なことの原因は、その法律や習慣が惹《ひ》き起すのではございますまいか。（中略）そんな義理や束縛にとらわれたくありません。わたくしは自由が欲しいのです」

「わたくし達はみんな幽霊じゃございますまいか、先生。それはわたくし達が父母からうけ嗣《つ》いだものが、わたくし達のからだの中に生きているというだけでなく、もう亡《ほろ》びてしまった古い思想や迷信がつきまとっているのでございますね。（中略）ちょっと新聞を読もうといたしますと、3 行と行の間に幽霊がしのび込んでいるのが見えます」

この戯曲「幽霊」は今でこそ名作の誉れ高いが、4 発表時には、世界中で上演禁止の憂き目に遭っている。イプセンの登場人物たちが既成の社会制度を支える価値観＝「幽霊」と闘っていた頃、日本は明治維新の初期である。「幽霊」が発表される約十年ほど前の一八七二（明治五）年、日本政府は以後、歌舞伎のみならず舞台芸術全般の思想的風紀的弾圧に根拠を与える次のような通達を出した。

一、上流貴紳淑女が見てもよいように卑猥《ひわい》、残酷を差し控える。二、俳優、芸人を教部省の監督下に置き、教導職に任ずる。三、史実を歪曲《わいきょく》せず、忠孝、武勇、貞節を主題とすべきこと、などである。

イプセンの「幽霊」は、この通達に見られるような考え方に、演劇という形式をもって反撃をしたような作品

であった。（中略）

現在の日本では、政府が個人の精神生活を統制し、支配するような露骨な文化・教育政策がとられているわけではない。**B**、国を憂れうる最近の政治家の発言や、教育基本法の見直しの方向を見ると、明治五年のこの通達とさほど異なっているとも思えないところがある。

イプセンが生きた社会や明治時代の社会は、当然のことながら現代の日本社会とは違っている。当時の社会は、市民社会が成立したとはいえ、宗教的価値観や伝統を重んずるコミュニティーが未《いま》だ成立していた。現代の日本社会は、コミュニティーは崩壊し、インターネットや携帯電話によって人間のネットワーク化がはかられ、その新しい環境を政府や権力者が管理、操作するのではなく、個人同士の信頼に基づいた価値観によって人間関係を構築できればという社会になってきている。

そういう時代の転換期には、理解不能な若者たちの行動や、未だ経験したことのない犯罪も出現することはありうる。**C**、百年以上も前の明治政府が確立しようとしたような価値観に基づいた生き方を目標とすることが、賢明で理にかなったことであるとは思えない。それはむしろ未来を創造すべき日本の政治家や行政官、教育者の怠慢の証しのように思える。しかし、現実の日本社会を見ると、**5**イプセンの言う「幽霊」の出現を声高に期待する人たちも多くなってきている。われわれは**D**。

**問一**　傍線部**1**「その時点では」を別のことばで言い換えるとすると、どうなるか。最適なものを、次の①～⑤から選び、番号で答えよ。

①　前代では　②　古代では　③　近代では　④　当代では　⑤　歴代では

**問二　空欄Aには「手本」の意味の漢字が入る。最適なものを、次の①～⑤から選び、番号で答えよ。**

① 格　② 策　③ 範　④ 威　⑤ 律

3点

**問三　傍線部2「それは～多いが」のような一文は、文章の構成上、ふつう何と言われているか。最適なものを、次の①～⑤から選び、番号で答えよ。**

① 対句　② 引用句　③ 挿入句　④ 常套句《じょうとうく》　⑤ 修飾句

3点

**問四　傍線部3「行と行の間に幽霊がしのび込んでいる」とあるが、どういうことか。その説明として最適なものを、次の①～⑤から選び、番号で答えよ。**

① 新聞記事の奥にはすでに既成の思想や価値観がしみ込んでいる。

② 自分は古い思想にとらわれていないと思いながら、新聞記事を読んでもいつしか批判的になってしまう。

3点

③　新聞社の主張が全面に主張されていて、どうしても影響を受けてしまう。
④　新聞記事のどこを見ても悲惨な出来事であふれている。
⑤　義理や習慣にとらわれることを恐れるあまりに、虚心に新聞記事が読めない。

6点

**問五**　傍線部4「発表時には、世界中で上演禁止の憂き目に遭っている」のは、なぜか。筆者の考えとして最適なものを、次の①〜⑤から選び、番号で答えよ。

①　宗教的な価値や伝統を重んずるコミュニティーが崩壊しているから。
②　「幽霊」と闘っている人たちに冷水を浴びせかけるような作品だったから。
③　時代や国の事情を全く無視して、世界の風潮に倣おうとしたから。
④　法律や習慣が惹き起こす悲惨な出来事があまりにも多いから。
⑤　思想的にも風紀的にもその時代における危険な思想とみなされたから。

6点

**問六**　空欄**B**・**C**に入る最適なものを、それぞれ次の①〜⑤から選び、番号で答えよ。

B
① そうして
② しかし
③ かりに
④ やはり
⑤ 言い換えると

C
① そうであるから
② 当然のことながら
③ だからといって
④ 極端なことを言えば
⑤ なおかつ

| B | C |
|---|---|
| | |

3点×2

**問七　傍線部5「イプセンの言う『幽霊』の出現を声高に期待する」とあるが、どういうことを言っているか。その説明として最適なものを、次の①～⑤から選び、番号で答えよ。**

① 価値観の崩壊した国を憂えて、過去にあった価値観の再構築をはかろうとすること。
② 個人の信頼に基づいた新しい価値観を早急に希求しなければならないとすること。
③ 政治家や教育者のでたらめを許してはならないと激しい口調で主張すること。
④ コミュニティーを崩壊させた原因を厳しく追及しようとすること。
⑤ 演劇という形式でもって、古い価値観に反撃しようと意気込むこと。

7点

問八　空欄Dに入る最適な一文を、次の①～⑤から選び、番号で答えよ。

① 彼ら幽霊を恐れる日本の人たちに同情する
② もはや日本にイプセンが生きえないのを知っている
③ 再び日本にイプセンを必要とするのかもしれない
④ 彼ら幽霊にとりつかれた日本人を笑うしかない
⑤ 再び日本にイプセンの存在を許してはならない

［出典：鈴木忠志「『幽霊』のこと―見えないものとの闘い」／『東京新聞』］

6点

40点

4 評論

# 「永遠のいのち」

西田利貞《にしだとしさだ》

立命館大学（改）

目標解答時間　20分

本冊（解答・解説）p.46

「永遠の生」という概念を作りあげた「文化」も、それをうち砕く「科学」も、ともに人間の「脳」の「進化」が作りあげたのだということを理解しよう。

**次の文章を読んで、後の問に答えよ。**

科学の発達とともに、われわれの多くは快適な生活を①謳歌できるようになったが、一方では不幸になったことも否めない。なぜ不幸になったかというと、永遠の生というものを信じられなくなったからである。

㋐「永遠の生」という概念を、すべての民族がもっているのかどうか、私はよく知らない。しかし、死後も魂が残るという考えは、少なくともかなり［A］なものであろう。ヒトはあたかも、われわれの環境が不変であるかのように行動しているのは確かであり、それはわれわれの脳がそのように行動させているのである。㋑脳も進化の産物である。脳は、環境の変動がある一定の範囲にある限りにおいて有効に働くことのできるマシーンである。脳は環境の情報を収集し、分類し、統合し、貯蔵し、活動のために再利用する。脳の最高の機能は、予測である。予測というものは、現象がある一定の範囲の中で変動する限りにおいて可能になる。それでは、そういった脳が、環境を永遠だと判断する根拠はなんだろうか。

一つは、山や大きな岩など大きな自然物を見るときであろう。毎日見ているこういったランドマークが、明日も存在することを疑う理由はない。脳は、「あの山は明日もある」と予測するだろう。これは「無変化」といってよい。川もこういったランドマークの一つだが、異なる点は「水の流れ」があることだ。つねに水は流れて行くのに、流れ自体は基本的に変化しない。これは、「定常状態」と呼べる。「あの川には、明日も水が流れているだろう」という予測は容易にできる。太陽は朝東にのぼって、夕方西の空に沈む。月の運行は、その上に満ち欠けが伴う。「明日も日は昇るだろう」と予測するのは容易だ。これは、「繰り返し」の現象である。

さて、こういった「無変化」、「定常状態」、「繰り返し」の現象に気づいたら、ヒトは「永遠」という概念にすぐさま到達するのだろうか？　そうではなかろう。ヒトがその友人や家族あるいはペットや家畜の死、つまり個別化された存在の消滅を経験したときに、初めて終末のあることを、身をもって知り、逆に永遠の命を望むことになるのだろう。

哺乳類の脳のサイズは、一腹産子数、寿命の長さ、子ども時代の長さなどと相関があり、脳の大きなヒトもゾウもイルカも寿命が長く、子ども時代が長い。長い子ども時代に、生存と繁殖に役立つさまざまな戦術を身につけていく。「文化」とは、同種個体の存在が影響することによって B に学習する行動・態度・習慣・信念のことである。行動発達の一方の極には、遺伝子により C に発現するいわゆる「本能的行動」があり、他の極には個体が環境との直接の交渉によって身につける「個別学習」がある。「本能」は数万世代の間変わらない環境に適した反応であり、「個別学習」は一世代のみ役立つ行動とすると、「文化」は、数世代から数千世代に渡って変わらないような環境に役立つ反応といえよう。

ヒトは、その文化的な慣習として、「永遠の生命」という概念をうちたてた。親や子どもの生の永遠を望み、自分自身の生の永遠を望んだ。こういう概念は、個体の繁殖に役立つだろう。自然淘汰《とうた》は生存と繁殖に役立つ行動や心理を選択する強い傾向があり、文化もその例外ではないから、この永遠の生命という概念は、多くの民族によって保持されることとなった。(中略)

現代生物学は、**D**という観念を完全にうち砕いた。自分の子どもといえども、自己に由来する遺伝子は五〇%しかなく、孫は二五%にすぎない。それは、たったの五世代で三%となる。もちろんこれは、血縁者同士は子どもをつくらないと仮定しての話ではあるが、五世代下の子孫は、もう自分と似ていないことは確かである。だから、系図を作って私の家系は太閤《たいこう》時代の先祖に発すると自慢しても、祖先との血のつながりは無に等しい。

クローン人間は、自己と遺伝的には同じ組成である。いずれ、大金持ちのナルシストが、科学者に依頼して、自分の体細胞からクローンをつくらせるだろう。しかし、クローン人間を、自己とまったく同じにすることは不可能である。脳の内容は長い成長の過程で蓄積されたものだからである。しかし、脳の内容もほぼ同じにするなんらかの技術が開発されたと仮定しよう。そのとき問題になるのは、クローン人間は幸福か、ということである。〈彼らには片親しかいないし、しかも片親はクローンなのだから、父親でも母親でもない。〉彼らは、個体としての自分の存在意義を疑い、〈クローンなるその「片親」を恨み、〉呪う可能性がある。クローンを所望した金持ちも、人が子どもに通常感じるような喜びをおそらくもてないだろう。愛情の形成のしくみも長い進化の結果生まれたものだからである。つまり、クローン人間は、永遠の生命というヒトの夢をけっして叶《かな》えることはないだろう。

「まあいいではないか、ヒトが地球に存在する限り、自分の名前だけは残せるかもしれない」と、政治家や②カンリョウは巨大ダムを作り、建築家は機能を無視した風変わりな建物を設計し、作家は大河小説を書き、科学者はノーベル賞を得るために大発見をもくろむかもしれない。しかし、こういった希望も、「ヒトが地球に存在する限り」という条件がつく以上、単なる慰めにすぎないのである。

　そして、現代生物学の「共生説」が、ヒトの個性がよって立つ土台を完全に打ち砕く。それはヒトを含む多細胞生物というものは、バクテリアなどの単細胞生物の集合であるという仮説である。生命の起源において、一つのDNA分子が複製をはじめ、遺伝子DNAが誕生する。そのうち、二個の遺伝子がそれぞれある程度特殊化し、協力したときより多くの複製を残せるときは、分子の連合体が生じたであろう。こういったことを繰り返してできたグループが染色体である。染色体を能率よく複製するために細胞ができる。染色体はいくつかの異なった細胞を合併させて超細胞をつくる。単細胞生物の合体である。このようにして、さまざまなバクテリアから、現在みられる複雑な細胞が形成されたと考えられる。こういった細胞が集まって、ヒトをはじめ、動物や植物や菌類ができたのだ。いわば、バクテリアの集合体が、情報収集処理器官として脳をつくり、それが異常に発達して、バクテリア集合体の生存と繁殖を確保するようになったのがヒトであるとしたら、皆さんの③生甲斐はどうなるのだろうか。

　そのとき、永遠の生命の拠《よ》り所である「自己同一性」そのものが失われるのである。自己の存在自体が怪しければ、永遠なぞ意味はないだろう。ヒトそのものを還元すればそういった実態に行き着く可能性は高い。実際、水素原子と酸素原子の挙動から、水の性質を推測できないように、部分が集まれば、部分の総計とは異なる現象が生じることはよく知られている。つまり、バクテリアの総計がヒトなのである。

　こうして、現在の科学は、生命というものは、まったく無意味であることを教える。それにもかかわらず、われわれはあたかも未来に希望があるかのようにあくせく働き、恋をし、子育てをし、ローンを借りて家を建て、どうせ死ぬのに病気を治す。なぜ、絶望しないのだろうか？　われわれの脳は、個体がその生存と繁殖に役立つ行動をとるとき、幸福と満足を与えるように進化したのだ。脳は、栄養のある食物をうまいと感じる味覚を発達させ、異性を美しい、子どもを可愛いと感じさせる④シンビ感を進化させた。脳は、数千万年にわたる進化の過程で、こういった機能を発揮させるようになったのだ。一方、死について考えるようになったのは、せいぜい数万年のことである。結局は、ウ現代の絶望は、石器時代の楽観主義によって救われているのだろう。

**問1**　傍線部②・④のカタカナを漢字に改めよ。

②　④　（2点×2）

**問2**　傍線部①・③の読み方をひらがなで書け。

①　③　（2点×2）

**問3**　A ～ C に入れるのに、最も適当と思われるものを、それぞれ次のなかから一つずつ選べ。ただし同じものを繰り返し用いてはいけない。

1　後天的　2　自動的　3　普遍的　4　個別的　5　主観的

**問4** **傍線部㋐「『永遠の生』という概念」が生まれるきっかけとなるのは、どのようなときだと筆者は考えているか。次のなかからすべて選べ（ただし、解答の順序は問わない）。**

1 神の存在を感じたとき。
2 科学が遺伝子の連続性を証明したとき。
3 身近な人や生き物の死を経験したとき。
4 人知が神秘の世界のメカニズムを解明したとき。
5 地震や洪水などの逃れられない天災に見舞われたとき。
6 科学が生命を永遠に保存する技術の開発に成功したとき。
7 圧倒的な自然の存在や日々繰り返す自然現象に気づいたとき。
8 大きな喜びや幸福を感じ、生きていることに感謝の気持ちをもったとき。

| |
|---|
| A |
| |
| B |
| |
| C |
| |

3点×3

| |
|---|
| |

完答8点

4

問5　傍線部㋑「脳も進化の産物である」とあるが、「脳」の「進化」の性格を説明している語句を、二十五字以内でそのまま抜き出して、始めと終わりの五字を書け（句読点も字数に含む）。

□□□□□～□□□□□

5点

問6　D に入れるのに最も適当と思われるものを、次のなかから一つ選べ。

1　自己の完結性　2　自己の連続性　3　自己の可能性
4　自己の流動性　5　自己の統合性

□

4点

問7　傍線部㋒「現代の絶望は、石器時代の楽観主義によって救われている」とあるが、どういうことか。その説明として最も適当と思われるものを、次のなかから一つ選べ。

1　石器時代から培われてきた人間の愛情表現の形成が、人間性を回復させるための要因となり現代の絶望を救っている。
2　石器時代から継続されてきた人間の脳の進化が、現代生物学の成果と統合したかたちとなり現代の絶望を救っている。
3　生命の永遠性を否定する現代の科学者にも人間の自己同一性を研究する視点が存在するため、それが現代の絶望を救っている。

4　生命の永遠性を実証できたのは現代生物学と人間が長年培ってきた文化であり、その統合が現代の絶望を救っている。

5　生命の永遠性は生物学によって否定されたが、文化的な慣習がもたらした未来への希望が現代の絶望を救っている。

6点

40点

［出典：西田利貞「永遠のいのち」／『世界思想』（世界思想社）2003年30号所収］

4

5

評論

# 『日本文化における時間と空間』

加《か》藤《とう》周《しゅう》一《いち》

明治大学

目標解答時間 20分

本冊（解答・解説） p.58

長い文章ですが、「相称性」と「非相称性」との〈対比〉を読み取ろう。

**次の文章を読んで、後の問に答えよ。**

日本美術の特徴として早くから指摘されていたのは、（左右）相称性（symmetry）の不在、または非相称性（asymmetry）の強調である。それがもっとも鮮やかにあらわれているのは、建築と庭園においてであろう。絵画は描く。自然があたえるその対象の多くは左右相称ではない。それを縮小し、稀《まれ》には拡大し、抽象化して二次元の空間に投影し、おそらく環境の理解や記憶を助けるために、描く。絵画の歴史をどこまでさかのぼっても、旧石器時代の岩窟の壁画に到ってさえも、画面に左右相称的な構図を見出すことは困難なようである。建築は描かない。それ自身の外部にあるいかなる対象も記述しないし、環境のいかなる要素も反映しない。窓は外部を反映するのではなく、外部に反応する装置である。建築や庭園は、祈るため、儀式や魔術を行うため、商売を営むため、家族が寝起きするため、それぞれ特定の目的のために、建築家が特定の空間を彼自身の考えと好みに従って構造化する空間である。建物は厳密に左右相称的なことも、全く非相称的なこともある。その間に相称性のあらゆる段階があり、それが建築家とその文化に条件づけられていることはいうまでもない。[a]一方に古代ギリシャの神殿からパッラーディオ（一五二〇―一五八〇年）に到る相称性があり、他方には1桂離宮や茶室の徹底した非相称性がある。庭園についても同じ。ルノートゥル（一六一三―一七〇〇年）は広大な地域に造園のあらゆる要素、植込みや花壇、水や芝生、大理石の彫刻や手すりなどを、左右相称の幾何学的図型として整然と配置する。およそ同時代に桂離宮の造園家は、小さくかこまれた空間に日本全国の名所の風景を縮小して再現した。その庭の中の小径《こみち》を辿《たど》れば、展望は[X]する。そこに相称性はなく、幾何学的配置はない。非相称性を中心とする空間の分節化・構造化は、建築と庭園においてもっとも典型的にあらわれる。

2建築的造形の相称性を、大きくみれば、中国・西洋・日本の文化はそのまま三つの類型を代表すると言えるだろう。中国は徹底した相称性文化の国であり、日本文化は正反対の非相称性に徹底する。西洋はその中間に位置する。すなわち西洋の伝統では、ほとんどすべての紀念碑的建物が正面の左右相称性を強調する。それは宗教的建物（教会や墓所）の場合でも、世俗的建造物（王宮や市庁舎）の場合でも変らない。しかし私的な個人住宅に相称構造を見ることは、例外的な有力者の大邸宅を除いて、きわめて稀である（たとえば南フランスの中世都市カルカソンヌ）。しかるに中国では紀念碑的建築はもちろん、私的住宅にさえも左右相称の原理が徹底することがある。前者の例は、北京の紫禁城であり、敷地内の建物の配置、建物それ自身の構造、内装の細部に到るまで相称性が浸透して余す所がない。その高い城壁の内側へ入れば、直ちに相称性によって秩序づけられた空間の中に包みこまれる。そこには明朝の皇帝の権力と豪華さとともに空間の合理的秩序があって、はるかにルイ王朝のヴェルサイユ宮の幾何学的空間と呼応している。中国の伝統的な個人住宅の左右相称性は、その典型的な例を北京の四合院に見ることができる。道路に面して、左右の壁の中央に入口の開口部がある。建物は四方から中庭――その中央にしばしば樹木や井戸がある——をかこみ、各部屋は中庭に向って開いている。四合院は北部（北京、天津）で発達したが、その影響は遠く甘粛省《かんしゅく》にまで及んだという。

中国文化における相称性の強調は、建築様式にかぎらない。いわゆる殷周《いんしゅう》銅器に早くもその特徴はあらわれているし六朝以後の陶磁器においてはさらに徹底する。また周知のように唐代以後の「近体詩」の詩法は、対句の規則を制度化した。対句は概念の相称的配置である。**3** 対句に似た修辞法は、日本やヨーロッパの詩文にもないことはないが、中国の場合にくらべれば、それはほとんど例外にすぎない。中国では対句こそが詩法の中心にあり（殊《こと》に「律」）、散文においてさえも広く用いられたことがある（六朝以来の駢儷体《べんれいたい》）。相称性の好みは、都市計画、建築の外観と内装、家具や器から、定型詩の概念的構築にまで、一貫するのである。そういうことが一〇〇〇年以上も続けば、規則や習慣は内面化され、日常生活の中にまで浸透することになるだろう。相称性嗜好《しこう》はなぜ起こったか。それはわからない。その背景には環境を理解する道具としての陰陽説があるのかもしれない。陰陽に正負を割りあてゼロ点を図面の中央に置けば、容易に左右相称が得られる。しかしここではその問題に立ち入らない。

西洋はながい間中国を知らなかった。日本は中国文化の強い影響を受けながら、左右相称志向を受け入れなかった。もちろん中国モデルで京都を作ったときには、モデルの左右相称性が京都にも移された。「洛中洛外《らくちゅうらくがい》」などいう表現にもそのことはあらわれている。大陸のモデルに従わない日本の町が碁盤目状の道路を持つ例は、**b** 一つもない（大坂、江戸）。法隆寺を例外として、大きな仏教寺院の伽藍《がらん》配置も同じ大陸モデルに従っている。一例を挙げれば、四天王寺（六世紀末から七世紀にかけて聖徳太子が造営したとされる）では、真中の軸線上に中門・塔・金堂・講堂をならべ、中門と講堂をつなぐ回廊が塔と金堂をかこい込む。日本の伽藍配置にもいくつかの型があるが、いずれも左右相称であるのは、大陸の寺院の例を模倣したからである。神社の建築は、仏教寺院のそれの影響を受けて成り立った。しかし、それは寺院の忠実な模倣ではなく、一種の「日本化」である。そこでは境内の建物の配置に、仏教寺院の場合のような厳密な左右相称性はない。「日本化」は常に相称性を排除する方向へ進むのである。

中国文化の強い相称性志向の背景に陰陽の二分法があったとすれば、それとは対極的な日本文化の非相称性強調の背景には何があったか。街道に沿って発展した町、農家から武家屋敷までの建築の平面図、桂離宮の建物と庭、茶室とその周辺の美学、——そのどこにも相称性を含まない空間の秩序は、どういう文化的特徴を条件として成り立ったのか。

日本語の定型詩が対句を用いるのはきわめて稀である。詩論、すなわち平安時代以後、殊にその末期に俊成・定家父子を中心として行われた「歌論」が対句に触れることもない。その理由は比較的簡単で、要するに日本では『古今集』以来極端に短い詩型（いわゆる「和歌」）が圧倒的に普及したからである。音節の数では和歌（三一）は五言絶句（二〇）よりも多いが、語数では和歌の方が少なく、対句を容《い》れることはほとんど物理的に不可能である。しかも後には連歌から「俳句」が独立して和歌（または短歌）に加わる。俳句はおそらく世界中でも最短の詩型の一つであろう。俳句はそれ自身が一句だから、対句は問題にならない。『万葉集』の時代には「長歌」もあったし、『梁塵《りょうじん》秘《ひ》抄《しょう》』の時代には「今様《いまよう》」もあった。［C］そのどちらにも二行を一組として扱う対句の多用はみられない。『万葉集』の長歌の技法には、相称的な形容句を重ねて用いる修辞法が含まれるが、その場合にも相称的表現が作品全体の構造に決定的な役割を果したわけではない。今様は四行の歌詞である。その二行が中国風の対句を作る例は、現存する本文に関するかぎり、ほとんどない。要するに極端な短詩型の支配は、左右相称の言語的表現を排除したと思われる。

しかしそのことは造形的表現における相称性への抵抗を説明しない。抵抗の背景は、あたえられた空間の分節化・構造化の過程が、全体の分割ではなく、部分からはじめて全体に到る積み重ねの強い習慣であるのかもしれない。別の言葉でいえば、「建増し」主義。建増しは必要に応じて部屋に部屋をつないでゆく。その結果建物の全体がどういう形をとるかは作者の第一義的な関心ではない。先にも触れたように一七世紀前半の武家屋敷では、途方もなく複雑な形をとる。あれほど複雑な平面図があらかじめ計画されていたとは考えられないだろう。建増しの結果は複雑なだけではなく、優美で調和的な全体でもあり得る。たとえば桂離宮。しかし左右相称は全体から出発することを求める。二等辺三角形は三つの頂点の位置関係の全体によって決まるので、その三点に石を置くか、三人の人物を配するかは、各点（部分）の性質とは係わらない（全体から部分へ）。部分から全体への建増し主義が左右相称に偶然行き着くことはあり得ないだろう。それは処理すべき空間の大小に係わらない。把手《とって》は襖《ふすま》の部分、襖や棚は書院の部分、書院は建物の、建物は庭園の部分である。部分と全体の関係は遍在し、部分が全体に優先する——細部は全体から独立してそれ自身の形態と機能を主張する。それが非相称的美学の背景にある世界観であろう。その世界観を時間の軸に沿ってみれば「今」の強調であり、空間の面からみれば「ここ」、すなわち眼前の、私が今居る場所への集中である。時間および空間の全体を意識し、構造化しようとする立場に立てば、相称的美学が成り立つ。相称性は全体の形態の一つだからである。

山国の「自然」にも間接の役割があるかもしれない。この国にはアジア大陸の広大な沙漠や草原がない。人は谷間や海岸の狭い平地に住み、大きな町は四方または三方を山脈にかこまれた盆地に発達する。風景はどの方向を眺めるかによって異なり、日常生活の空間があらゆる方向に均質に広がってはいない。京都の東山と西山の山容はちがう。北山と南に開ける平野とは地形が異なる。深い杉の林の斜面と大小の河川が海に注ぐデルタ地帯。ここに「自然」の相称性は全くない。自然的環境は左右相称性よりは非相称性の美学の発達を促すだろう。

社会的環境の典型は、水田稲作のムラである。労働集約的な農業はムラ人の密接な協力を必要とし、協力は、共通の地方神信仰やムラ人相互の関係を束縛する習慣とその制度化を前提とする。この前提、またはムラ人の行動様式の枠組は、容易に揺らがない。それを揺さぶる個人または少数集団がムラの内部からあらわれれば、ムラの多数派は強制的説得で対応し、それでも意見の統一が得られなければ、「村八分」で対応する。いずれにしても結果は意見と行動の全会一致であり、ムラ全体の安定である。

これをムラの成員個人の例からみれば、大枠は動かない*所与である。個人の注意は部分の改善に集中する他はないだろう。誰もが自家の畑を耕す。その自己中心主義は、ムラ人相互の取り引きでは、等価交換の原則によって統御される。ムラの外部の人間に対しては、その場の力関係以外に規則がなく、自己中心主義は露骨にあらわれる。このような社会的空間の、全体よりもその細部に向う関心がながい間に内面化すれば、習いは性となり、細部尊重主義は文化のあらゆる領域において展開されるだろう。空間の構造化は、全体を分割して部分に到るのではなく、部分を積み重ねて全体を現出させる。建増し過程のそれぞれの段階にそれぞれの全体像がある。建物の全体が部分を意味づけるのではなく、全体に係わらずに細部はそれ自身で完結した意味をもつのである。そこから非相称的空間の美学までの距離は遠くない。ヴェルサイユの庭にとって決定的なのは、全体の整然たる見透しであり、その建物にとって重要なのは、中央部と左右両翼の均衡である。桂離宮の廻遊《かいゆう》式庭園において決定的なのは各部分の風景の多様性であり、建物の魅力は部屋ごとに異なる内装の細部と窓の眺めである。この対照的な相違の背景は、思考と感受性の型のちがいであり、そのちがいは遠く自然的および社会的環境のちがいに、少なくともある程度まで由来するのであろう。しかしそれだけではない。

非相称性の美学が洗錬の頂点に達するのは、茶室の内外の空間においてである。その時期はおよそ一五・一六世紀の内乱の時代（戦国時代）と重なっていた。なぜだろうか。内乱は多くの町を物理的に破壊した（殊に一五世紀中葉の応仁の乱は長い間文化の中心であった京都を焼きはらった）ばかりでなく、社会秩序を破壊し、権力を分散させた。九州から東北地方に及ぶ各地域に武士団が割拠し、対抗し、その全体を統御する経済的・軍事的力は、**d** 京都の公家にも武士権力（幕府）にもなかった。ムラ社会全体の極度の安定が人の注意を細部に向けたとすれば、武家社会の全国的な流動性（「下剋上《げこくじょう》」と内乱）、その全体の秩序の極度の不安定も、社会的環境の全体からの脱出願望を誘うだろう。ムラの安定性が用意した心理的傾向（mentality）は、全国的内乱の不安定性によって強化される。それは必ずしも因果関係ではないが、武士の頭領たちが権謀術数の世界から逃れて茶室の静かな空間へ向う傾向を援《たす》けたにちがいない。その空間は自然と歴史に抗して左右均衡の構造を主張するのではなく、自然の中で時間の移りゆきに従いながら細部を限りなく洗錬する。大きな自然の小さな部分としての庭、その中へ吸いこまれるように軽く目立たない茶亭、その内部の明かり取りの窓、窓の格子に射す陽ざしが作る虹、粗壁の表面の質と色彩、茶道具殊に茶陶、その*釉薬《ゆうやく》がつくる「景色」の変化……。そこには相称的な構造を容《い》れる余地が全くない。そこにあるのは非相称的空間であり、その意識化としての反相称的美学である。意識化（prise de conscience）は一五世紀の村田珠光にはじまり、一六世紀の千利休に到って徹底し、**e** 「侘《わ》びの茶」の体系として完成する。これは一種の美学革命である（その思想的背景は禅）。その後の日本美術への影響は、広汎で深い。

注
所与……他から与えられること。
釉薬……うわぐすり。

**問1　空欄a〜eに入る最も適切な語を次の中からそれぞれ一つ選べ。ただし、同じものを繰り返し用いてはいけない。**

① おそらく　② もはや　③ すなわち　④ しかし　⑤ いわゆる

| a | b | c | d | e |
|---|---|---|---|---|
| | | | | |

2点×5

**問2　空欄Xに入る最も適切なものを一つ選べ。**

① 千古不易　② 十重二十重《とえはたえ》　③ 千篇一律《せんぺんいちりつ》　④ 百花繚乱《ひゃっかりょうらん》　⑤ 千変万化

3点

**問3　本文には、次の一文がある段落の末尾から脱落している。どこに入るのが最も適切か。入るべき箇所の直前の五字を記せ。（句読点も字数に含む）**

【脱落文】時空間の「今＝ここ」主義を前提とすれば、それ自身として完結した部分の洗錬へ向うだろう。

| |
|---|
| |
| |
| |
| |
| |

3点

**問4　傍線部1「桂離宮や茶室の徹底した非相称性がある」とあるが、筆者はなぜ茶室がそうしたものになったと考えているか。その理由として最も適切なものを次の中から一つ選べ。**

① 桂離宮の廻遊式庭園の魅力は各部分の風景の多様性にあり、また建物の魅力は部屋ごとに異なる内装の細部と窓の眺めにある。そのような桂離宮の中に茶室があり、それが結果的に非相称的な茶室になったと考えている。

② 茶室は大きな自然の小さな部分としての庭、その中へ吸い込まれるように軽く目立たない茶亭、その内部の明かり取りの窓などで構成される。そのような形が優れていて美的であるためには非相称性が必要だと考えている。

③ 内乱の時代には多くの町が物理的に破壊され、なおかつあらゆる全体的に均衡したものを滅ぼし尽したために、その後の安定期には専ら部分を志向する考えとなり、非相称性の美学の茶室になったと考えている。

④ 戦国時代を背景に、社会秩序は破壊され権力は分散された。武士の頭領たちが静かな茶室を求めた時に

は、大きな自然を取り込む小さな庭などの細部に関心がゆき、自ずと非相称性の茶室空間になったと考えている。

⑤ 茶室の美学は一五世紀の村田珠光にはじまり、一六世紀の千利休に至って徹底し、「侘びの茶」として大成していく。そのような中で禅の思想が持つ左右非相称性と融合して左右非相称の茶室になっていったと考えている。

4点

**問5　傍線部2「建築的造形の相称性」とあるが、筆者は日本的な建築や庭園などの造形的な表現が非相称的である理由を一言で記している。その最も適切な七字の言葉を、文中からそのまま抜き出せ。（句読点等も字数に含む）**

6点

5

**問6**　傍線部3「対句に似た修辞法は、日本やヨーロッパの詩文にもないことはないが、中国の場合にくらべれば、それはほとんど例外にすぎない」とあるが、日本に対句がほとんどないことの理由を筆者はどのように考えているか。本文中の言葉を用いて五〇字以内で述べよ。（句読点も字数に含む）

8点

**問7**　本文の内容と最も合致するものを次の中から一つ選べ。

① 中国の文化はかなり徹底して相称性に満ちている。それは都市計画、建築の外観と内装、家具や器から、そして定型詩の対句の技法にまで及んでいるが、しかし、現在の中国ではあまり相称性の美学は盛んではない。

② 西洋の文化はかなり徹底して相称性に満ちている。紀念碑的な建物である古代のギリシャ神殿からまた私的な個人住宅においてもそうであり、そのような相称性の美学はどこにも見られると言ってよい。

③ 中国はかなり徹底して相称性の文化を持っている。例えば紀念碑的建築である紫禁城やまた個人の住宅

である四合院においてもそうであり、また銅器や陶磁器においてもそのような相称性の美学に満ちている。

④ 中国文化における相称性の美学はかなり徹底していると言うことができる。その理由の第一は環境を理解する道具としての陰陽説にある左右相称に原因を求めることができるが、第二には対句にもあると言ってよい。

⑤ 西洋の文化は建築や絵画にかなり徹底して相称性の美学がある。これ以外にも詩（ポエム）においてもそうであり、定型詩（ソネット）のほとんどは対句の技法を凝らして相称性の美学を成り立たせている。

6点

40点

［出典：加藤周一『日本文化における時間と空間』（岩波書店）］

6

評論

# 『遊びの現象学』

西村清和《にしむらきよかず》

立教大学（改）

目標解答時間　25分

本冊（解答・解説）p.69

ほかの遊びはもちろん、「かくれんぼ」も最終的には一つの具体例とみなし、筆者のいう「遊び」とは何かをとらえよう。

**次の文章を読んで、後の問に答えよ。**

鬼とは、のがれる子どもを追い、あるいは、母親の陰に身をひそめる子どもをあばくものである。鬼と子にまつわる、この原初の不安な、宿命的なかかわりが、遠い集団的記憶として、追い追われ、またかくれあばくたわいのない遊びに、ある種の情調の影をおとしているのも事実である。しかも、これらが遊びにとどまるかぎり、もはや鬼は、あのおそるべき(イ)イギョウのものではない。つまり、鬼と子とは、一枚のシーソーの板の両端でむきあいわらいかけながらひとつに同調した往還運動を共有したのしむふたりのように、おなじひとつの遊び関係のなかで、この遊動をつりあわせるためのふたつの項なのである。この宙づりにされたシーソーの天びんに乗っているかぎり、鬼は、ことばの厳密な意味でこわい鬼ではなく、スリリングな鬼である。こわい鬼から完全に逃げきることが、鬼ごっこという遊び行動の本質なのではない。(ロ)チョウハツしてははぐらかし、追われては、反転して追うという、宙づりのスリルにこそ、その本質はある。じゃんけんや番きめ歌による、鬼と子の役割設定も、もはや運命の宣告によって贖罪《しょくざい》の生贄《いけにえ》をえらぶおそろしい儀式ではなく、鬼ごっこというシーソー・ゲームの天びんの枠組みを設定するための手順である。鬼が子をつかまえ、ふれることによって、鬼と子の役割が交換されるというとりきめも、接触によるけがれの(ハ)テンカという感染呪術ではなく、この天びんが一方にかたむいてはふたたび反転して他方にかたむくという、シーソーの遊動が生じ反復持続するための構造上の仕掛け、宙づりの支点の設定である。

「いない・いない・ばあ」や鬼ごっこに認められた遊びの基本骨格を、とりわけふたつの顔、ふたつのまなざしのあいだに成立する(1)宙づりの遊動の関係として純化し、これを遊びの形式そのものとしたのが、(2)かくれんぼである。かくれんぼとは、宙づりのまなざしの戯れである。そもそも「いない・いない・ばあ」が、母親が掌で顔をかくしてはふたたび顔をあらわすという遊びであったことを思えば、これも一種のかくれんぼと考えられないこともない。実際、赤ん坊にとって、他者とはまず、自分を見つめる目であり、その目に応えて見かえすときにすがたをあらわす顔である。掌によって目がおおわれ顔がかくされるとき、相手の存在は完全に視界から消えうせる。この仕組まれた不在の状況のなかで、相手をさがしもとめ、いまかいまかとつのる期待に応じるように、母親の笑顔とわらいかけるまなざしがふたたびあらわれるとき、赤ん坊の目もこれに応えてわらうのである。かくれんぼが*藤田のいうように、われわれの人生の原形質のひとつ、一連の基本的経験に対する胎盤をあるしかたで身にうけているとしても、それはけっして、喪失や迷子や流刑の経験の模型などではない。それはむしろ、より根本的に、「見る・見られる」というまなざしの(ニ)コウサクのうちにはじめてたちあらわれる他者の経験の、しかもある独特な様態を構造化している。つまりそれは、「見る・見られる」双方のまなざしを宙づりにすることによって、自己と他者とのある独特な関係、すなわち遊戯関係を仕組み、そのような関係、そのような状況「に・遊ぶ」ことによって、他者ともども世界に遊ぶという、独特の存在様態を可能にする。それは、他者とするどく拮抗《きっこう》しあうあの対向の企ての世界にある他者関係や存在様態とは、もとからちがった、しかしわれわれの人生の、まちがいなく固有の一面なのである。

　かくれんぼもまた、他の多くの遊びとおなじように、のっけから、呼びかけと応答の、それ自体一種の遊びではじまる。春風になびく柳のしなやかな動きにわれ知らずさそわれて、ふとそこにたたずみ、ゆきつもどりつするたゆたいに同調して目を遊ばせるとき、すでにしてわたしはその風景に遊ぶ。「いない・いない」という母親の声にさそわれて、赤ん坊がそちらに目をむけ、「ばあ」という声に応えてかれがわらい声をたててはじめて、「いない・いない・ばあ」という(3)遊びがはじまる。むこうから投げられたボールを掌にうけながら、それがわたしの掌につたえてよこすはずむ感触にさそわれて、これをむこうに投げかえすとき、キャッチボールがはじまる。おなじように、「かくれんぼするものよっといで」とか「かくれんぼするものこの指とまれ」とかはやしたてるような呼びかけにさそわれ、これに応えて、子どもたちがあつまり、ついで、「じゃんけんぽんよ、あいこでしょ」とおたがいに応じることによって、鬼と子、見つけるものとかくれるものの役割がわりふられる。つまり、「いない・いない・ばあ」やキャッチボールのばあいとおなじように、そもそもかくれんぼという遊びをはじめる手順、この遊びの骨格の設定そのものが、すでに呼びかけと応答とのキャッチボール、わらいにわらいで応える［　　］の遊びなのである。遊びにあって、遊び手とは、遊びの主体ではなかったことを思いだそう。遊び手と遊び相手との［　　］にあって、遊び手とは、同時に遊ばれるものである。こちらにむけて投げかけられた遊びの呼びかけに応じるとは、企ての主体による決断や合意であるよりは、さそいかけという遊びの発端が、遊び手の内部に反響させた同調の動きというべきである。勉強しなければいけなかったり、いいつけられた用事があったりして、さそいをことわることはある。そのときこの意志の決断は、さそいに応じてすでにこれに同調している自分のこころの遊びを断念する。だが、このこころの遊びの同調そのものは、けっして意志のしわざではないだろう。これとは逆に、「遊ぼう」とさそわれても、なにか屈託があってその気にならないときがある。こころに遊びの同調が生じないまま、それでもつきあいのためにしいてさそいに応じることがある。この自由の主体による遊び行動への決断は、だからといって、本当の意味でのあのしなやかな同調とはずむこころの遊びを生じさせるとはかぎらない。遊びにくわわりながらも、こころは屈託のおもりにつなぎとめられて、ついにたのしまない。いずれにせよ、自己と他者のあいだの遊戯関係と双方が同調する遊動、つまり(4)遊びのはじまりは、企ての主体の自由な決断によるものではないのである。

注　藤田…藤田省三。思想史家（一九二七〜二〇〇三）。

(A) 傍線部(イ)～(ニ)を漢字に改めよ。(ただし、楷書で記すこと)

(イ)

(ロ)

(ハ)

(ニ)

2点×4

(B) 二つの空欄には同じ言葉が入る。次の中から最も適当なものを一つ選べ。

1 対面　2 即応　3 同調　4 反転　5 交換

4点

(C) 傍線部(1)はどのような関係をいうか。次の中から最も適当なものを一つ選べ。

1 拮抗しあう企ての世界にある他者との応答関係。
2 シーソーの両端で同調した往還運動を共有するような関係。
3 遊び手と遊び相手でどちらが勝つかわからない関係。
4 「いない・いない・ばあ」をする母子の原初的にある不安な関係。
5 鬼が子をつかまえることで鬼と子の役割が変わる交換関係。

7点

(D) 傍線部(2)について。筆者は「かくれんぼ」についてどのように理解しているか。次の中から最も適当なものを一つ選べ。

1 双方のまなざしを宙づりにする遊戯関係で、関係のみならず状況自体を他者と共有する遊び。
2 鬼と子のかくれる・見つけるという関係の中で、双方のまなざしが同調したり反転したりする遊び。
3 他者とするどく対立しあう企ての世界を、まなざしの宙づり化によって合理的に表現する遊び。
4 鬼がかくれた人を探し出すという仕組まれた不在の中で、喪失や迷子の経験を反復する遊び。
5 追われては反転して追うという宙づりのスリルを、合意された鬼と子の役割分担によって楽しむ遊び。

7点

(E) 傍線部(3)について。筆者は、多くの「遊び」がどのような過程からはじまると考えているのか。これを最もよく表しているひとまとまりの語句を、この部分以前の本文中から抜き出し、八字以内で記せ。(句読点や記号があれば、それも字数に含む)

6点

(F) 傍線部(4)について。それはどうしてか。次の中から最も適当なものを一つ選べ。

1 遊びは、「見る・見られる」双方のまなざしを宙づりにすることによって成立するものだから。
2 遊びは、その気にならなくてもつきあいのためにさそいに応じることで成立することがあるから。
3 遊びは、他者からの呼びかけに応じて他者と合意した上で成立するものだから。
4 遊びは、さそいかけに反響して、遊び手内部におこる動きによって成立するものだから。
5 遊びは、「遊ぼう」とさそわれて自分も遊ぼうと思うことによって成立するものだから。

8点

40点

〔出典：西村清和『遊びの現象学』(勁草書房)〕

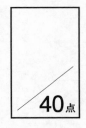

7

評論

# 『可能性としての歴史　越境する物語り理論』

鹿島徹《かしまとおる》

関西大学

目標解答時間　35分

本冊（解答・解説）　p.80

歴史と文学がもつ同様の働きが何であるかを読み取ろう。

**次の文章を読んで、後の問に答えよ。**

一九九〇年代——二十世紀最後の時代。それは、記憶と忘却という主題について、これまでになく活発に論じられた十年でもあった。「歴史」をめぐるさまざまな問題が、思想界においても現実政治の場面においても、大きな論議を呼んだのである。

「記憶の内戦」とも名づけられたこの情況のなかで、とりわけ歴史教科書をめぐり戦わされた議論において、あらためて㋐ケンザイ化したことがある。それは、歴史とは「集合的記憶」であり、集団の「共同性」のありようと深くかかわるという簡明な事実であった。

「南京《なんきん》大虐殺」「従軍慰安婦強制連行」——これらの出来事が史実として「実在」したのかどうかについて、もとより論争が行われもした。だが、「国民的史書」（鹿野政直《かのまさなお》）と目される歴史教科書に、それらについての記述をわずか一、二行でも載せることの是非が、なによりも激しく争われたのである。これは国家という「共同体」のレベルで記憶されるべき史実の選別をめぐって、ということは特定の史実についての記憶の抹殺をめぐって、一国内部の言論界でたしかに「内戦」が行われたということにほかならない。日中戦争開始から六十年が経過し、あの戦争の経験が直接体験者の口を通して語られる時代から、文書などに記録された「共同的記憶」においてのみ記銘され、保持・再生される時代へと移行しつつあるなかで、この思想的＝政治的論争は繰り広げられたのだ。

ここで直ちに注記しなければならないことがある。歴史を無造作に「集合的記憶」ないし「共同的記憶」と見なすことには、ある陥穽《かんせい》がつきまとっている。個人の心理的・言語的過程としての「記憶」作用を集団にまで拡張して想定することにより、その担い手とされる「共同体」を擬人化し、個人にも先だつ独立の存在としてそのまま実体視する危険がはらまれているのである。そこからはたとえば「日本社会の人格分裂」といった、レトリック性のみを先行させた表現が、本来の問題提起の文脈を離れて容易に独り歩きしはじめてしまうであろう。この陥穽を回避するためにも、まずなにより「共同体」としての集団形成は、共通の起源と来歴を語る歴史が成員により共有されることによってはじめて可能になる、という点を、あらためて確認しなければならない。「共同体」がまず存在して、しかるのちそれを行為と記憶の主体としてその歴史が語られる、というのではない。「共通の祖先」「神との契約」「建国の理念」「文化的伝統」といったキーワードを軸に、一定の出来事を口承・記念碑・公文書などを媒体に記録し、祝典・記念日・歴史教育などを通じその記憶を不断に再生産するとともに、他の一定の出来事をそれにより同時に忘却しその想起を禁圧しつづける、「記憶と忘却の共同体」としてこそ、一般に「共同体」なるものは成立し存立するというべきなのだ。

そうであるならば、一九九〇年代に「歴史の見直し」を掲げて登場した人びとの真に意図するところが、じつは個々の史実の否認、ないしその解釈の修正にはなかったのだとしても不思議ではない。むしろ戦後支配的だった歴史観に換えて、自国の歴史的連続性を強調しその既往と現在を肯定する歴史観を若い世代に付与する、そうした方向をもった歴史教育へと転換することこそが企図された。つまり「集合的記憶」を自国史の新しい語りにより人為的に操作し、それを通じて、国民一人ひとりの国家への強固な帰属意識を効率よく調達することが企てられたのである。繰りかえし指摘されたことだが、ここに歴史の「ナショナルヒストリー」としての機能を明瞭に見てとることができる。それは一国の来歴を提示することによって、国家という「共同体」の自己同一性《アイデンティティ》を産出・確保し、それにより現存政治体制の支配の正統性を内外に示すとともに、成員の国家への帰属・自己同一化を確保するものであることが、これまでにもましてあらわになったのだ。しかも右の人びとのなかでも鋭敏な論者は、この点についての明晰《めいせき》な自覚をもっており、国民国家が自然的な血縁・地縁の共同体でありえない以上、その共同性は「国家の来歴の物語」を通じて人為的に創出されなければならないと語る。そうした自覚的＝確信犯的姿勢にこそ、この一九九〇年代の動きの「新しさ」があるともいえるのである。

ただし、従来の戦後的歴史観への批判は、同時に以上とは逆の立場から進められてきたこともまた、銘記されなければならない。「従軍慰安婦」の存在を(あ)カンカしてきた戦後歴史学、とくに国民国家日本を自明の統一単位とする自国中心的な歴史叙述のありかたにたいし、日本史を専攻する歴史学者自身によっても、深刻な反省と根本からの再検討が(い)スイコウされつつあったのだ。もっともこのような反省は一部では、クロード・ランズマン[*1]監督の映画『ショアー』[*2]（一九八五年制作、一九九五年日本初上映）の強い印象にも導かれて、「表象の限界」をひたすら強調する方向へと先鋭化されてゆく。悲惨な体験を潜り抜けた生存者のトラウマ[*3]的記憶が歴史の物語的記述に回収されることを、徹底して拒否する言説が、そこに生みだされていった。この方向が極限にまで突き詰められるときには、事態は次のような奇妙な構図に行き着くように思われる。一方では歴史を確信犯的に「物語」ととらえて、ナショナルな共同性の強化へと向け他者の声を㋒シャダンしようとする「国民の正史」の構想と、他方では歴史叙述の隠蔽・抑圧機能への鋭い批判から「物語」としての歴史一般を拒絶する態度と、この両者が反目しつつ互いにすれちがって背中合わせに結合し、「物語としての歴史」の此岸《しがん》と彼岸《ひがん》への棲《す》み分けを行ってしまう、と。

しかしながら実はトラウマ的記憶と歴史＝物語とのかかわりにおいて問題となるのは、前者の声なき声に導かれて後者を流動化し、あらたに物語り直してゆくこと、あるいは前者が後者に隠蔽される従来のありかたとは異なった両者の㋓フチ関係を構想することであったはずだ。じっさい一九九〇年代後半からは、トラウマ的記憶に声を与え物語的記憶に置き換えるという課題、語りえない出来事の記憶をかろうじて伝達・共有するための方途を見いだすという困難な課題に、さまざまな角度からのアプローチが行われてゆく。そのさいには狭義の歴史学方法論や社会学、精神分析の諸理論もさることながら、文学のもつ固有の機能にも目が向けられていったのである。

もとより文学と共同的記憶としての歴史の関係は、一義的に規定できるものではない。

そもそも両者は、明確な境界線の引かれた異領域のものではない。近代歴史学成立以前はもとよりのこと、客観性を標榜《ひょうぼう》する歴史叙述もまた根本において修辞学的《レトリカル》なものであり、特定のプロットから意味を引きだし、イメージの創出により説得力を自己付与するものであることは、二十世紀後半のヘイドン・ホワイト[*4]『メタヒストリー』をはじめとする歴史言語の理論的分析が明らかにしたことだった。ひとまず両者のジャンル的区別を認めたとしても、そこには共通の社会的機能を指摘することができる。たとえば島崎藤村『夜明け前』を素材に成田龍一[*5]が分析を試みたように、近代文学は剝きだしの政治的意図をもたずとも、国民国家の枠内で歴史学とともに「国民」

を創出する装置として機能してきた。共通の歴史・言語・文化を共有し、相互に共感することのできる「われわれ」という意識を、㋑ジョウセイする役割を、㋔キせずして果たしてきたのだ。さかのぼってはすでに、のちの浪花節《なにわぶし》につながる江戸期の口承文学が、超地域的な「日本語」を表現手段に忠義奉公・義理人情の歴史物語を流布することによって「無垢《ナイーブ》で亀裂のない心性の共同体」としての国民国家・日本を準備することになった、との兵藤裕己[*6]の指摘もある。文学的表現を媒体に歴史イメージを生産／再生産することにより、集団の共同性が調達／更新されるというこの構造は、その後マスメディアの発達のなかでさらに拡大・強化されもしてきた。

**注**

＊1　クロード・ランズマン＝フランスの映画監督。（一九二五〜二〇一八）

＊2　『ショアー』＝フランスの映画。上映時間は九時間三〇分。制作には一九七四年から一一年の歳月を費やした。ホロコースト（ナチスによるユダヤ人絶滅政策）にかかわった人びとへのインタビュー集という形式のドキュメンタリー作品。

＊3　トラウマ＝恐怖・ショック・異常経験などによる精神的な傷。

＊4　ヘイドン・ホワイト＝アメリカの歴史学研究者。（一九二八〜二〇一八）

＊5　成田龍一＝日本の歴史学研究者。（一九五一〜　）

＊6　兵藤裕己＝日本の中世文学、芸能研究者。（一九五〇〜　）

**問1**　傍線部㋐「ケンザイ」、㋑「ジョウセイ」を漢字に改めよ。

| | |
|---|---|
| ㋐ | |
| ㋑ | |

1点×2

**問2　一九九〇年代に活発に論じられ、「記憶の内戦」とも名づけられた「歴史」をめぐる論議とはどのようなものであったか。最も適当なものを選択肢から一つ選べ。**

a　記憶と忘却という主題が活発に論じられ、歴史教科書に記述する史実が「実在」したのかどうかを検証しようとする思想的＝政治的論争が繰り広げられるというものであった。

b　歴史とは「集合的記憶」であり、集団の「共同性」のありように深くかかわるものだとする立場と、歴史と個人の記憶を切り離そうとする立場に分かれて、思想的＝政治的論争が繰り広げられるというものであった。

c　歴史教科書に記述される特定の史実の選別をめぐって、一国内部の言論界で思想的＝政治的論争が繰り広げられるというものであった。

d　特定の史実についての記憶を抹殺する歴史教科書を「国民的史書」と見なすことの是非をめぐって、思想的＝政治的論争が繰り広げられるというものであった。

e　戦争の体験が直接体験者の口を通して語られる時代から、文書などの記録を保持・再生する時代へと移行するなかで、いかにして正確な記録を残すかということについて、思想的＝政治的論争が繰り広げられるというものであった。

4点

7

問3　歴史を無造作に「集合的記憶」ないし「共同的記憶」と見なすことにはどのような危険性があり、それを避けるためにはどのようにする必要があると筆者は述べているか。最も適当なものを選択肢から一つ選べ。

a　個人の心理的・言語的過程としての「記憶」作用を集団にまで拡張して想定することは、個人と集団との人格分裂を引き起こす危険性があり、それを避けるためには、個人の集合体である「共同体」の集団形成が、歴史の共有によって可能になるということを確認する必要がある、と述べている。

b　個人の心理的・言語的過程としての「記憶」作用を集団にまで拡張して想定することは、「共同体」を擬人化し、個人にも先だつ独立の存在としてそのまま実体視する危険性があり、それを避けるためには、「共同体」の成員にとっての共通の起源と来歴を語る歴史を個人の記憶とは切り離して構想する必要がある、と述べている。

c　個人の心理的・言語的過程としての「記憶」作用を集団にまで拡張して想定することは、「共同体」としての集団形成に不可欠な「歴史」が、特定の個人を記憶の主体として構想されるという危険性があり、それを避けるためには、「共同体」が記憶の主体となって「歴史」を構想する必要がある、と述べている。

d　個人の心理的・言語的過程としての「記憶」作用を集団にまで拡張して想定することは、「共同体」がまず存在して、しかるのちそれを行為と記憶の主体としてその歴史が語られるという誤った認識を生じさせる危険性があり、それを避けるためには、「共同体」の成立は成員による歴史の共有によって可能になることを認識する必要がある、と述べている。

e　個人の心理的・言語的過程としての「記憶」作用を集団にまで拡張して想定することは、個人的な記憶の再生産と忘却を「共同体」の「歴史」に反映させてしまう危険性があり、それを避けるためには、「共同体」自体を「記憶と忘却の共同体」として存立させる必要がある、と述べている。

5点

**問4　一九九〇年代に「歴史の見直し」を掲げて登場した人びとのねらいとその「新しさ」はどこにあったか。最も適当なものを選択肢から一つ選べ。**

a　個々の史実の否認、ないしその解釈の修正ではなく、むしろ戦後支配的であった歴史観に換えて、自国の歴史的連続性を強調し現在を肯定する歴史観を教育することをねらいとし、歴史教育を一新したところにその「新しさ」があった。

b　「集合的記憶」を自国史の新しい語りにより人為的に操作し、国民一人ひとりの国家への強固な帰属意識をもたせることをねらいとし、国民全体を巻き込む議論を引き起こしたところにその「新しさ」があった。

c　一国の来歴を提示することによって、国家という「共同体」の自己同一性を産出・確保し、それにより現存政治体制の支配の正統性を内外に示すことをねらいとしながら、そうした強権性を感じ取らせないところにその「新しさ」があった。

d　国民国家の共同性を「国家の来歴の物語」を通じて創出することをねらいとし、それを国民を統合するための正しい方法だと自覚して行ったところにその「新しさ」があった。

e　日本を自明の統一単位とする自国中心的な国家観を浸透させることをねらいとしながら、国民国家が自然的な血縁・地縁の共同体でありえないことを自覚していたところにその「新しさ」があった。

5点

7

問5　トラウマ的記憶と歴史の物語的記述とのかかわりをどのようなものとして筆者は考えているか。最も適当なものを選択肢から一つ選べ。

a　悲惨な体験を潜り抜けた生存者のトラウマ的記憶は、日本史を専攻する歴史学者自身によってその史実性が再検討され、歴史の物語的記述に影響を与えるようになったと考えている。

b　悲惨な体験を潜り抜けた生存者のトラウマ的記憶は、歴史を「物語」ととらえて共同性の強化のために利用する構想に対して、徹底して拒否する言説を生み出すものと考えている。

c　悲惨な体験を潜り抜けた生存者のトラウマ的記憶は、歴史を「物語」ととらえて他者の声をシャダンしようとする「国民の正史」の構想と、「物語」としての歴史一般を拒絶する態度によって、隠蔽されるものと考えている。

d　悲惨な体験を潜り抜けた生存者のトラウマ的記憶は、歴史の物語的記述に回収されることによって、前者が後者に隠蔽される従来のありかたとは異なった関係を生じさせるものと考えている。

e　悲惨な体験を潜り抜けた生存者のトラウマ的記憶は、その声なき声によって歴史の物語的記述を流動化し、あらたに物語り直されてゆく可能性をもつものと考えている。

5点

**問6　文学と歴史叙述との関係をどのようなものと筆者は考えているか。最も適当なものを選択肢から一つ選べ。**

a　文学と歴史叙述とは、前者が語りえない出来事の記憶を「物語」として伝達・共有するための方途として機能するのに対し、後者はその「物語」を補完する役割を果たすものと考えている。

b　文学と歴史叙述とは、前者が虚構性にもとづくものであるのに対し、後者は客観性を標榜《ひょうぼう》するものである点で、ジャンル的には区別されると考えている。

c　文学と歴史叙述とは、両者とも相互に共感することのできる「われわれ」という意識を生じさせる役割を果たすという点で、共通の社会的機能を有すると考えている。

d　文学と歴史叙述とは、両者とも修辞学的な表現によって虚構のプロットから特定の意味を引きだし、イメージを創出するものである点で、同一の領域に属するものと考えている。

e　文学と歴史叙述とは、両者とも超地域的な「日本語」を表現手段として、マスメディアの発達のなかでその影響力が拡大・強化されてきたと考えている。

□
4点

7

## 問7　二重傍線部あいうえおのカタカナと同じ漢字を用いる語を選択肢から一つ選べ。

あ　カンカ
- a　証人をショウカンする。
- b　固定カンネンにとらわれる。
- c　プレゼントをコウカンする。
- d　怪《け》我《が》人をカンビョウする。
- e　任務がカンリョウする。

い　スイコウ
- a　名誉市民候補にスイキョする。
- b　要点をバッスイする。
- c　病気で身体がスイジャクする。
- d　一人暮らしでジスイする。
- e　暴動計画はミスイに終わった。

う　シャダン
- a　光が水面にハンシャする。
- b　ブラインドでシャコウする。
- c　面会シャゼツで容態がわからない。
- d　ヨウシャのない質問を浴びせる。
- e　細かい違いはシャショウする。

え　フチ
- a　新しい技術がフキュウする。
- b　フゾク品を確認する。
- c　各地をまわってフキョウする。
- d　新しい勤務地にフニンする。
- e　公的フジョの制度を整える。

お　キせずして
- a　鉄鋼業は国のキカン産業である。
- b　キカンの書籍を注文する。
- c　宇宙船が無事に地球にキカンする。
- d　医療キカンの一覧表を作る。
- e　三年のキカンを経て新作を公開する。

| | |
|---|---|
| あ | |
| い | |
| う | |
| え | |
| お | |

1点×5

問8　国民国家において近代文学はどのような役割を果たしてきたか、五十字以内で記せ。なお、句読点・符号も字数に含めるものとする。

10点

40点

〔出典：鹿島徹『可能性としての歴史　越境する物語り理論』（岩波書店）〕

7

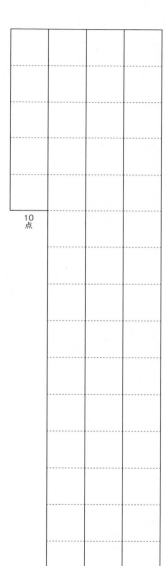

8

評論

# 『異端の時代』

森本《もりもと》あんり

学習院大学（改）

目標解答時間　22分

本冊（解答・解説）　p.92

ポピュリズムの仕組みとそのもろさについて読み解こう。

**次の文章を読んで、後の問に答えよ。**

「ポピュリズム」を定義するのは難しい。ポピュリストには右も左もあり、保守派も進歩派もあり、国粋主義者もいれば社会主義者もいて、どのような定義をするにしても、それらすべてを一つの定義のもとに包摂することはできないからである。そして、まさにこの点にポピュリズムの固有な特徴がある。ジョージア大学の政治学者カス・ミュデによると、ポピュリズムにはそもそもイデオロギー的な理念の厚みが存在しない。従来のイデオロギーは、全体主義にせよ共産主義にせよ、政治や経済から文化や芸術まで、社会全体のあるべき姿を描き出そうとしたものである。

だが、ポピュリズムはそのような全体的な将来構想をもたない。あるのはただ、「雇用」「移民」「テロ」など、その時点でその社会がもつ特定の政治的アジェンダに限定した語りかけの言説である。だからポピュリストは、あれこれの不特定イデオロギーに仮託して世界観的な厚みの欠如を繕《つくろ》おうとするのである。当然ながら、その結びつきに方向性や一貫性があるわけではないので、A借用物は時と場合に応じて自由に変幻することになる。ポピュリズムを理解することが難しいのは、この【Ⅰ】【Ⅱ】無碍《げ》な性格のゆえである。

ポピュリズムの蔓《まん》延が社会を分断する結果になるのも、同じ理屈からである。ポピュリストは社会に【ア】的な価値が存在することを認めない。特定の狭い政治的アジェンダに対する賛成か反対かで有権者を二分し、そこに道徳的な善と悪を明快に割り振る。投票による過半数を握った時点で、彼らは全国民の代表者となり、民主主義の正統性をまとった善の体現者であることになる。すると、これに反対する者は、すべて不道徳で腐敗した既存勢力であり、国民の敵と見なされるようになる。トルコのエルドアン大統領の発言に、「われわれは人民だ。あんたはいったい誰だ」というのがあるが、まさにポピュリズムの名台詞である。このように全体を僭《せん》称することが、異端の特徴である。

しかし、成熟した民主的な社会にあっては、人びとの価値観は多様であり得る。一つの論点については賛成でも、別の論点については反対、という重層的な判断がビッグデータのように幾重にも集積してはじめて、社会の共通意志を忖度《そんたく》することができるようになるのである。現代の投票制度は、そこまできめ細かく民意を問うようにはできていないので、いったん政権の【P】に就いた者はフリーハンドを得たことになる。

一つの社会に複数の中心を置いて権力を分散させ、特定の集団が覇権を握らないように配慮するチェック＆バランスも、ポピュリストには鬱陶《うっとう》しいだけである。自分は人びとの【イ】的な支持を得て善を行おうとしているのに、その自分の手を縛る不当な制約だ、と映るからである。

常識的な抑制や均衡に対するこうした反発は、しばしば反知性主義と一体になって表現される。どちらも、既成の権力や体制派のエリートに対する大衆の反感を梃子《てこ》にした勢力だからである。そのためポピュリストは、服

装から言葉遣いに **Q** るまで、あくまでも自分が専門家集団の外部に立つアマチュアであることを強調する。プロの政治家はみな腐敗した権力構造の虜《とりこ》で既得権益を守ろうとするが、素朴な民衆はいつも騙《だま》されて搾取される被害者だ、そして自分こそそういう民衆全体の利益代表者だ、という設定である。

ポピュリズムが容易に権威主義へと転じ、野党やメディアや司法といった批判的機能を封殺しようとするのも、全体性主張の論理からして当然の道理である。イタリアのベルルスコーニ元首相は、選挙で選ばれていない裁判官が「赤い法服」（左翼主義）を纏《まと》って自分の邪魔をする、という批判を繰り返した。トランプ政権も、特定宗教を狙い **R** ちにした入国禁止の大統領令を出し、連邦裁判所がそれを差し止めると、裁判官への侮蔑や司法の独立に対する不満を露《あら》わにした。

ポピュリストは、たとえぎりぎりの過半数であっても、ひとたび権力を掌握すると、あとは有権者をすべて「サイレント・マジョリティ」と見なして自己への同調者に算入する。そうすると、自分は国民の声を代弁する存在となるから、反対者をまさに民主主義の名において圧倒することができるようになるのである。これは前世紀前半を覆った全体主義の歴史においても、あるいは今世紀の欧州や中南米においても見られる、ポピュリストに共通の手法である。

ちなみに、「サイレント・マジョリティ」は、ニクソン大統領が「ベトナム反戦運動などの面倒な政府批判に加わらず、静かに自分を支持してくれている人びと」という意味で使った言葉である。トランプ大統領にとっては、体面を気にして表に出てこない自分の支持者たちを意味していた。もちろん、それらの人びとが実際に何を考え誰を支持しているかを知る **S** はないので、政治家には使い勝手のよい言葉である。

＊　＊　＊

ポピュリズムの蔓延を理解するには、こうした政治制度の面だけでなく、そこに表出された人びとの［ウ］的な熱情を理解する必要がある。**B** なぜ良識ある普通の市民が、いともたやすくポピュリズムの波にさらわれてしまうのか。この疑問は、ポピュリズムを単に強烈な指導者に踊らされた大衆の一時的な反動として片付けている限り、解くことができない。

ポピュリズムのもつ熱情は、［エ］的には宗教的な熱情と同根である。社会的な不正義の是正を求める人びとは、かつては教会や寺院などの宗教的な組織にその集団的な表現経路を見いだしていた。既成宗教が弱体化して人びとの発言を集約する機能をもたなくなった今日、その情熱の排出に代替的な手段を与えているのがポピュリズムなのである。この点で、ポピュリズムは反知性主義と同じく、宗教なき時代に興隆する代替宗教の一様態である。

ポピュリズムの宗教的な性格は、その善悪二元論にも明らかである。政治は本来、妥協と調整の世界である。一方的な善の体現者もいなければ、一方的な悪の体現者もいない。しかし、ひとたび全国民の「声なき声」を代弁する立場を襲うと、彼らの闘争には「悪に対する善の闘争」という宇宙論的な意義が付与され、にわかに宗教的な二元論の様相を帯びる。だからポピュリストの発言は、妥協を許さない「あれかこれか」の原理主義へと転化しやすいのである。

市井《しせい》の人びともこれを歓迎する。善悪二元論的な世界理解は、日頃抱いている不満や怒りを、たとえ争点とは事実上無関係であっても、そこに集約させてぶつけることができるからである。それによって人びとは、自分にも意義ある主体的な世界参加の道が開かれていることを実感する。つまり、ポピュリズムは一般市民に「正統性」の意識を抱かせ、それを堪能する機会を与えているのである。人びとは、匿名であるままに、みずからを安全な立場に置いた上で、この正統性意識を堪能することができる。

民主主義という概念は、本来いくつもの要素で構成されている。多数決原理はそのうちの一つにすぎず、投票による民意は時代を超えたより大きな多数者を代弁することができない。つまり、「多数者」といえどもやはり全体ではなく部分である。統治者は、全国民の排他的な代弁者ではない。したがってその統治は道徳的な闘争ではなく、統治者への反対も不道徳ではない。このことを忘却して部分が全体を僭称するとき、C正統性は内側から蝕《むしば》まれる。

**注** 僭称＝勝手に自分の身分や立場を越えた称号を名乗ること。

**㈠ 空欄Ⅰ・Ⅱに入るもっとも適切な漢字一字を解答欄に記入して、四字熟語を完成させなさい。ただし、同じ漢字は入りません。**

| Ⅰ | Ⅱ |
|---|---|
| | |

完答2点

**㈡ 空欄ア～エに入るもっとも適切な語を次のa～pの中からそれぞれ一つ選びなさい。ただし、一つの語は一箇所にしか入りません。**

a 集合　b 本質　c 明示　d 部分　e 将来　f 多元　g 持続　h 友好

i 計画　j 平和　k 保守　l 全面　m 暗示　n 調和　o 物質　p 主観

| ア | | イ | | ウ | | エ | |
|---|---|---|---|---|---|---|---|
| | | | | | | | |

2点×4

㈢ **空欄P〜Sに入るもっとも適切な漢字一字を、解答欄に記入しなさい。ただし、同じ漢字は入りません。**

| P | | Q | | R | | S | |
|---|---|---|---|---|---|---|---|
| | | | | | | | |

1点×4

㈣ **傍線部A「借用物は時と場合に応じて自由に変幻する」とは、どのようなことですか。もっとも適切なものを、次の1〜5の中から一つ選びなさい。**

1　ある政治的論点に対する意見を、語りかける相手によって変化させていくこと。
2　成熟した民主的な社会で、人々の価値観を多様化させるように働きかけること。
3　反知性主義に反発して権威主義へと転じ、批判的機能を封殺しようとすること。
4　イデオロギー的な理論の厚みを変化させ、社会全体のあるべき姿を描き出そうとすること。
5　その時点で社会が持つ不特定の政治的アジェンダについて、一貫性なく論点としてとりあげること。

| |
|---|
| |

4点

㈤　傍線部Bに「なぜ良識ある普通の市民が、いともたやすくポピュリズムの波にさらわれてしまうのか」とありますが、その理由を示しているもっとも適切な二十六字の語句を、本文中から「できるため」に続く形で抜き出して、その最初と最後の五字を解答欄に記入しなさい（字数は句読点、記号、符号を含みます）。

（26字）できるため

〜

4点

㈥　傍線部Cに「正統性は内側から蝕まれる」とありますが、「正統性」が「内側から蝕まれる」とはどのようなことですか。もっとも適切なものを、次の1〜5の中から一つ選びなさい。

1　政治的な意見の妥協による部分的な調整が、宗教的には全体的な意見の変更と見なされてしまうこと。
2　本来は道徳的でも不道徳でもない統治の肯定や否定が、すべて宗教的に不道徳なものと判断されること。
3　一部の意見を全体的な意見であるかに見せる政治手法が、自らを善とする根拠を喪失させてしまうこと。
4　多数決によって集約される一度限りの民意が、永久に変わらぬ宗教的真理であるかに見せかけられること。
5　政治への不満や怒りをもつ一部の人々が、宗教的には道徳的な存在とされ、全面的な救済の道が開かれること。

4点

(七) 二重傍線部に「投票による過半数を握った時点で、彼らは全国民の代表者となり」とありますが、ポピュリストが「過半数を握った」だけで、「全国民の代表者」になれるのはなぜですか。次の文は、本文全体の主旨を踏まえてその理由を説明したものです。空欄①～③に入るもっとも適切な箇所を、本文の中から指定の字数でそれぞれ一つずつ抜き出して、解答欄に記入しなさい（字数は句読点、記号、符号を含みます）。

ポピュリストは自分の主義主張に反対する者を、①（11字）を利用することで、全国民の敵として除外したり、特に意見を持たない②（6字）の持ち主たちを③（14字）に仕立て上げ、それを代表することで反対者を非常に少なく見せたりできるから。

| ① | ② | ③ |
|---|---|---|
| | | |

2点×3

(八) 本文の内容に合致するものを、次の1～8の中から二つ選びなさい。

1 ポピュリズムには、イデオロギーがなく、社会全体のあるべき姿を描き出そうとする将来構想を持っていない。

2 ポピュリストは、社会の中に複数の中心を置いて権力を分散させ、特定の集団に権力が集中するのを防ごうとする。

3 投票によって民意を問うことは民主主義の根幹であるため、その結果を尊重することが道徳的に正しいことである。

4 ポピュリズムが反知性主義と異なるのは、既成の権力や体制派のエリートに対して反感を持っているという点である。

5 成熟した民主的な社会では、人びとの価値観は多様であり、このような重層的な判断を集積できるのが投票制度である。

6 ベルルスコーニ元首相やトランプ大統領は、ポピュリズムを批判し、野党やメディアや司法などの機能を封殺しようとする発言をしていた。

7 ポピュリストの発言は、原理主義へと転化しやすい側面があるが、人びとは日頃抱いている不満や怒りをぶつけることができるため、これを歓迎する。

8 かつての教会や寺院などの宗教的な組織は、社会的な不正義の是正を求める人びとの発言を集約する機能を持っていたが、近年のポピュリズムの台頭によって、再びその力を取り戻しつつある。

［出典：森本あんり『異端の時代——正統のかたちを求めて』（岩波書店）］

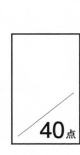

40点

4点×2

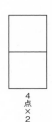

9

評論

# 『ポストモダンの正義論』

仲正昌樹《なかまさまさき》
青山学院大学（改）

目標解答時間 25分

本冊（解答・解説）p.106

「大きな物語」と「（小）物語」、の意味をしっかり区別して読もう。

**次の文章を読んで、後の問に答えよ。**

ポストモダン化する社会は、近代的主体たちの偏執病（パラノイア）的な努力の帰結としての「進歩」の意味が揺らぎ始める社会でもある。何が人間にとって「良いこと」なのかを一義的に確定できないとすると、社会全体あるいは人類全体にとっての〝進歩〟を有意味に定義することができなくなる。ポストモダン的な価値の多様化は、諸個人をより〝自由〟にするように見える反面、その〝自由〟を支えていた「進歩」への〝信仰〟を内側から解体し始めたのである。

ポスト工業化、ポストモダン化に伴って、（人類あるいは世界史の）「進歩」という考え方が曖昧になり始めると、もともと「進歩」と表裏一体の関係にあった「歴史」という概念自体も揺らいでくる。西欧諸国の言語において、「歴史」と「物語」は同じ単語で表されており、近代以前には概念的にも未分化であった。虚構や幻想を含まず、客観的に観察し得る普遍的な発展法則に従って進行していく「物語」が「歴史」と呼ばれるようになったわけだが、その発展法則なるものがあやしくなってくると、「歴史」と「物語」の概念的区分も曖昧になってくる。

人々のアイデンティティ、価値観、世界観が分散化するポストモダン状況においては、「近代」を支えてきた「理性」「合理性」「主体性」「客観性」「合法則性」「普遍性」「進歩」——そして「歴史」——といった主要な理念の有効性が疑問にフされ、それらが実は、1 近代的に主体化された者たちの約束事として通用しているだけの虚構あるいは共同幻想ではないのか、と疑われるようになる。「歴史」と「物語」を隔てる基準になっていた〝客観性〟や〝合理性〟〝普遍性〟などは、西欧人たちが作り出した「近代」という壮大な共同幻想の所産であるということになれば、両者の差異はもともと絶対的なものではなく、「歴史」とは「大きな物語」にすぎなかったのではないかと思えてくる。

ポストモダン系の思想では、ポストモダン化した社会において 2「歴史（＝大きな物語）」は再び「（小）物語」化していき、「（小）物語」同士が乱立するようになることがしばしば話題になる。「歴史」の再物語化は、ヘーゲル＝マルクス的な意味での「歴史哲学」もしくは「歴史の目的論」の終焉《しゅうえん》をも意味する。この方面での代表的な論者は、哲学者のジャン＝フランソワ・リオタール〔一九二四—九八〕だろう。

リオタールは、ポストモダン社会の特徴をコンパクトに叙述したことで知られる『ポスト・モダンの条件』で、近代以前の伝統社会における 3「物語的知」の社会的機能と、近代における「科学的知」のそれとの違いを論じている。社会の中で生きている人間は、言語によって約束事を決め、さまざまなゲームを行っており、それらのゲームの規則によって生活のすべてとは言わないまでもかなりの部分が規定されている。「物語的知」も「科学的知」も、そうした言語ゲームによって構成されている。

9

「物語（語り）」というのは、文化や慣習を共有する共同体の中で神話や伝説などの形で「太古」より語り伝えられ、各人をその共同体に統合したり、正しい行為のための判断基準を提供したりするお話であり、「物語的知」とは、そうした「物語」に根差した民衆の知である。それに対して「科学的知」は、それぞれの領域において普遍的真理を探究する科学者という専門家集団によって担われるものであり、決まった作法に従って自らの主張の「正統性」を証明しようとするとともに、証明された内容を教育によって伝承したり、一般の人に向けて「啓《けい》蒙《もう》」しようとしたりする。こうした科学的知が社会全体に次第に蓄積されていくプロセスが「 A 」である。

近代市民社会は、一見すると「物語的知」を解体して、「科学的知」に置き換えているように見える。しかしリオタールに言わせれば、「科学的知」が自らの「正統性」を討議を通して明らかにしたり伝達したりするためには、4 何らかの形で「物語」に、つまり「科学的知」の尺度からすれば「非知」でしかないものに依拠せざるを得ない。科学的証明の手続きとして専門家の間で通用しているものが、どうして「正統」と言えるのか、その専門家の共同体のゲームの規則を共有していない外部の相手に説明しようとする場合、その〝正統性〟の基準それ自体を、科学的に〝証明〟することはできない。例えば、「実験することによって、自然科学の仮説を検証することができる、と考えることができるのはどうしてか？」という問いに、（その前提に依拠している）自然科学自体によって究極の答えを与えることはできない。「科学的知」もまた人間同士の言語ゲームであり、具体的な言語的やりとりを通じて人々を納得させることが必要であるとすれば、みんなが（慣習的・無自覚的に）共有している物語の構造を利用することが不可避なのである。

（啓蒙が進行し、さまざまな価値観や視点を持つ人が「科学的知」の正統性をめぐって争う）ポストモダン状況においては、「科学的知」もまた、ある種の――例えば科学崇拝、普遍的理性崇拝といった形を取る――〝物語〃的な慣習によって支えられていたことが露呈し、その〃物語〃に依拠することのメタレベルでの正統性が問われるようになる。「科学的知」が十分に浸透したおかげで、「科学的知」の権威を素直に受け止める人が B 、という弁証法的逆転が起こるわけである。

今日の文化・社会――すなわちポスト・インダストリーの社会、ポスト・モダンの文化――においては、知の正統化についての問いは全く別の言葉によって表わされなければならない。大きな物語は、そこに与えられた統一の様態がどのようなものであれ、つまり思弁的物語であれ、解放の物語であれ、その信憑性《しんぴょうせい》をすっかり喪失してしまっているのである。

5 物語のこのような衰退のうちに、第二次世界大戦後の技術・テクノロジーの飛躍的発展の影響を見ることもできる。テクノロジーの発展は、行動の目的から行動の手段へとアクセントを移動させてしまったのだ。そしてまた、一九三〇年から一九六〇年にかけて、ケインズ主義の庇護《ひご》のもとに、危機から立ち直った自由主義的資本主義の再発展の影響を見ることもできる。この資本主義の復活は共産主義への選択の可能性を排除し、富とサービスの個人的享受に価値を与えるのである。

（『ポスト・モダンの条件』）

ポスト工業社会に生きる人々は、工業社会の人たちと違って、進歩をみんなにとっての共通「目的」として懸命に追求する――という物語に従う――のではなく、むしろそれぞれの個人としての生活を豊かにする手段としてテクノロジーを利用するようになる。「手段」としてのテクノロジーは、人々が自分なりの生活スタイルを追求するのを助けてくれる。特に情報テクノロジーの発達によって人々は、自分の価値観に基づいて情報収集をしながら、自らの生き方に合う「物語」をそれぞれのやり方で想像し、互いの「物語」を交換する——あるいは互いの「物語」を闘わせる——ことができるようになる。

**問一** 二重傍線部「フされ」のカタカナ部分を漢字に直すとき、最適なものを次のア〜オから選べ。

ア 伏　イ 付　ウ 浮　エ 服　オ 賦

□ 2点

**問二** 傍線部1「近代的に主体化された者たち」と内容的に重なるのはどれか。最適なものを次のア〜オから選べ。

ア ポスト工業社会に生きる人々
イ 社会の中で生きている人間たち
ウ さまざまな価値観や視点をもつ人々
エ 文化や慣習を共有する共同体の構成員
オ 「近代」社会共通の価値観を共有する人々

**問三**　**傍線部2「『歴史（=大きな物語）』は再び『（小）物語』化していき」とあるが、主な理由とされているのは何か。最適なものを次のア〜オから選べ。**

ア　歴史の再物語化
イ　「物語的知」への回帰
ウ　西欧人主導の「近代」化
エ　「歴史哲学」もしくは「歴史の目的論」の終焉
オ　人々のアイデンティティ、価値観、世界観の分散化

5点

**問四**　**傍線部3「『物語的知』の社会的機能」を具体的に説明した箇所を本文から四十字以内で抜き出し、最初と最後の五字を記せ（句読点も一字に数える）。**

5点

（解答欄）□□□□□〜□□□□□

5点

問五　空欄［A］に入れるのに最適な語を次のア～オから選べ。

ア　進歩

イ　啓蒙

ウ　共同幻想

エ　歴史の再物語化

オ　ポストモダン化

［　］5点

問六　傍線部4「何らかの形で『物語』に～依拠せざるを得ない」とあるが、その理由はなぜか。最適なものを次のア～オから選べ。

ア　専門家の共有する「科学的知」もまた人間同士の言語ゲームにほかならず、「物語的知」を解体して構築されてきたものであるから

イ　太古から伝承されてきた民衆の知ともいうべき「物語的知」には、専門家集団の共有する「科学的知」の及ばない説得力があるから

ウ　専門家の規則を共有していない人々を説得させるためには、人々が慣習的に持っている知の構造に置換して説明する以外に方法がないから

エ　一般の人に向けての「啓蒙」活動は、慣習的な民衆の知である「物語的知」を完全に解体し、「科学的

知」に置き換えるまでには至っていないから

オ 「科学的知」も「物語的知」も、それぞれ単独では自らの「正統性」を立証する方法を持ち合わせておらず、両者が協同することが必要であるから

6点

問七 空欄 B に入れるのに最適なものを次のア～オから選べ。

ア 飛躍的に増加する

イ わずかに減少する

ウ まったくいなくなる

エ かえって少なくなる

オ 徐々に増加していく

6点

**問八　傍線部5「物語のこのような衰退のうちに〜見ることもできる」とあるが、本文の筆者はこれをどのように捉えているか。最適なものを次のア〜オから選べ。**

ア　自由で豊かな精神生活をもたらし、その結果、それまで人々が慣習的に共有してきた「物語的知」に対する信頼性が失われていった。

イ　人々の生活を豊かにする手段としてのテクノロジーが飛躍的に発達し、その結果、物語に対する関心が急速に失われていった。

ウ　テクノロジーの成果を個別に享受する方向に人々の行動様式を変化させ、その結果、人々の価値観は分散化し、「物語」は「(小) 物語」化していった。

エ　テクノロジー、特に情報テクノロジーの発達は、それぞれの個人の生き方に合った「物語」の創出を促し、その結果、かつての「物語」は再び活況を呈するようになった。

オ　情報テクノロジーの発達は、ポスト工業化の壁に突き当たっていた物語それぞれの問題点を明らかにし、その結果、逆に、それらの物語の解体を遅らせた。

6点

［出典：仲正昌樹『ポストモダンの正義論――「右翼／左翼」の衰退とこれから』（筑摩書房）］

／40点

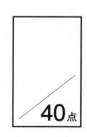

10

**随筆**

# 「流れと切れ目」

黒井千次《くろいせんじ》

**学習院大学**

「区切り」といわれるものを具体的にイメージし、筆者がその「区切り」を必要だと考える理由を考えよう。

目標解答時間　20分

本冊(解答・解説) p.116

**次の文章を読んで、後の問に答えよ。**

人が生きていくには、時の区切りというものが必要であるらしい。それがなければ生きられぬ、といった類《たぐい》のものではないのだが、あってもなくてもよい、と考えて過《す》ごせるほど軽いものではないようだ。

A<u>その区切りは向うからやってくる。</u>人の一生についてみれば、幼少期や青春があり、それに続く更年期や老境がある。気の持ちようで生涯青春だと信じられたり、若くして[X]成を装う人もいるかもしれないが、長くても[ア]百年前後の個人の生を見渡せば、おおよその区切りが生命活動の消長を分けている事実は否定し難い。

いやでもそれを知らせてくれるのが、義務教育の開始される学童年齢であったり、キャンパス生活の終りを告げる就職試験の到来、勤め人にとっての定年や老齢年金の支給であったりする。制度によって押しつけられるそれらの節目は、本来は切れ目もなく生きようとする人間に、外からの明確な区切りを刻印する。

制度とはいえないけれど、還暦、古稀《こき》、喜寿、米寿等々の長寿の祝いもまた年齢の節目の表現であるだろう。

更に、而立《じりつ》、不惑、耳順《じじゅん》などとなれば、これは三十、四十、六十歳にふさわしい夫々《それぞれ》の生き方の規範を示す次第となる。日本人の寿命の伸びに従って年齢の1リンカクが大きく変化したために、今や各年齢に対応するこの種の規範はそのままでは適用なるまいが（「初老」が四十歳の異称であると辞書で知って驚いたのはもう一昔以上も前の話となった）、年齢の一定の節目で足を止め、我が身を振り返ろうとする考え方が無効となったわけではない。制度や習わしによる区分が外側からの強制であるとしたら、他方にはBそれを迎える側にとって心構えを切り替えるきっかけが用意されているのだ、ともいえよう。

区切りは年齢のみに限らない。春夏秋冬に季節を分けるのもその一つである。暦の上に節分があり、立春や立冬があることからもそれが窺《うかが》われる。

ただし、こちらも地球環境の変化による異常気象の影響か、暦の上の区分と季節感とが必ずしも重なり合わぬ場合が少くない。様々なズレはあったとしても、桜前線とか木枯《こがら》し一号などと聞けば、やはり季節の変り目の声を聞く感は深い。

季節にとどまらず、一日の中にも区切りがある。午前、午後といった時計の上の2ゲンミツな数字で捉えられた分け方もあれば、昼と夜のごとく明るさを手がかりとしたより感覚的な分け方もある。深夜の十二時を過ぎれば日付が変るのは当然だが、日中から続けて起きている人間にとって、それが素直には受け入れ難いのも事実である。午前零時のニュースを読むテレビやラジオのアナウンサーが、昨日と今日を間違えて言い直すケースによく出会う。同じ内容のニュースでも、一時間前に読んだものと日付だけは異るのだから無理はない。

五十代の終る頃までは、こちらは夜型の生活を送り、仕事は［イ］深夜に集中して明け方に寝る毎日だった。床につこうとして、ふと目を覚ました家人と言葉を交わす折に、こちらが今日のことを語っているのに、ひと眠りした先方がそれを昨日のこととして話す Y い違いにぶつかってよく戸惑った。どこかで日を分けねばならぬのだから、十二時前に寝た人間と昼から起き続けている者との、日付の認識に隔《へだ》りが生ずるのは避けられない。テレビやラジオの番組に、二十五時、二十六時といった表現が時折登場するようになったのは、夜型の生活者がふえて日の移り目が後に押しやられた結果であるのだろう。

そんなふうに考えてくると、本来は切れ目のない時間を区切って始まりと終りをしっかり定めようとする生き方は、正当にして文句のつけようもないものでありながら、区切り目そのものはかなり曖昧なところを残すような気がしてならない。

ただ一つ、ここにだけは截然《せつぜん》とした区切りがある、と信じてきた境目がある。生を閉じる死の到来である。時間を区切るのは人が生きていく上での必要である以上、生の終りは区切り自体の終焉《しゅうえん》を意味する。区切りの消滅ほど明確な区切りは他にあるまい、と考えてきた。ところが最近になって、 ウ それも怪しくなりつつある気配を感じる。

脳死とか、人体や精子・卵子の 3 レイトウ保存、更にはクローン人間の可能性などという話題を前にすると、充分な科学的知識がないままにも、生と死の境界までがあやふやな事態になりかねない不安に 4 オソわれる。もちろん個体の死と種の 5 ケイショウは分けて扱わねばならぬ事柄であろうけれど、そのあたりが前よりわかりにくくなっているのは事実である。青春の終りがいつであり、昨日と今日の境目がどこにあるか、と悩むどころの話ではない。

いやこの事態は、 エ 連続する流れを勝手に断ち切って前とは別の領域を設けようとするいわば C 便宜的発想の弱みにつけこんだ、時間の復讐《ふくしゅう》であるのかもしれない。

**オ** ひと思いに視野を拡大し宇宙の果てまでを眺めわたしたら、人類の存続そのものにも青春や老境の区切りは刻まれているのに、我々にはそれが見えていないだけなのだろうか。としたら、その巨大な区切りの片隅で、ささやかな各自の区切りを抱えて懸命に生きていくより他に道はなさそうに思われる。

㈠ **傍線部1～5の片かなを漢字に直して、記しなさい。**

| 1 | 2 | 3 | 4 | 5 |
|---|---|---|---|---|
| | | | | |

2点×5

㈡ **空欄ア～オに入れるのにもっとも適切な語を、次の1～7の中からそれぞれ一つ選びなさい。ただし、一つの語は一箇所にしか入りません。**

1 いっそ　2 じりじり　3 せいぜい　4 そもそも　5 どうやら
6 まじまじ　7 もっぱら

| ア | イ | ウ | エ | オ |
|---|---|---|---|---|
| | | | | |

2点×5

㈢ **空欄X・Yに入れるのにもっとも適切な漢字一字を、それぞれ記しなさい。**

| X | Y |
|---|---|
| | |

2点×2

㈣　傍線部Aに「その区切りは向うからやってくる」とありますが、「向う」とは何をさしていますか。本文の中からそれを端的に示す六字の語句を抜き出して、記しなさい。

3点

㈤　傍線部Bに「それを迎える側にとって心構えを切り替えるきっかけが用意されているのだ」とありますが、「心構えを切り替える」とはどういうことをさしていますか。その説明としてもっとも適切なものを、次の1～5の中から一つ選びなさい。

1　年齢の一定の節目で、自分の生命活動をより一層盛んにするよう決意すること。
2　年齢の一定の節目で、自分の生命活動の消長を自覚して自分のあり方を変えていくこと。
3　年齢の一定の節目で、自分の生命とは関係なく、時代とともに変動する人生の区分を見直すこと。
4　年齢の一定の節目で、自分の生命の限界を自覚して自分にあった生活を選択すること。
5　年齢の一定の節目で、自分の生命活動を見つめ直し、年齢の節目に囚われないようにすること。

4点

㈥　傍線部Cに「便宜的発想の弱み」とありますが、筆者は「弱み」が最近になって目だつようになったと考えています。その理由を本文全体の論旨に即して説明した次の文章の空欄に入るもっとも適切な語句を、本文の中から指定の字数でそれぞれ一つ抜き出して記しなさい（字数は句読点、記号、符号を含みます）。

［Ⅰ］（三字以内）の進歩により、［Ⅱ］（六字）さえもが曖昧な状態になり、［Ⅲ］（四十字以内）が正しいものでありながらも、機能しなくなってきたと考えているから。

Ⅰ

Ⅱ

3点×2

Ⅲ

3点

40点

［出典：黒井千次「流れと切れ目」／『日本経済新聞』］

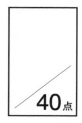

11

随筆

# 『文明の憂鬱』

平野啓一郎《ひらのけいいちろう》

法政大学（改）

目標解答時間 15分

本冊（解答・解説）p.124

近代と現代との共通点を考えよう。

**次の文章を読んで、後の問いに答えよ。**

宗教学者の*ミルチャ・エリアーデは、何時《いつ》の時代でも死後の生は宗教上の重要な問題であり続けたが、「心霊学」という死後に生が存在することの証拠に関する技術及び思想が生まれたのは、精々一八五〇年頃になってからだと指摘している。言われてみれば当然のような話であるが、私は、なるほどと思った。重要なのは、その証拠が飽くまで物的なもの（動くテーブル、物音、「物化」された対象、写真に撮ることの出来る幽霊、等）でなければならなかったという点である。心霊学は、実験科学の基準を導入して霊魂の不滅を物理的顕現によって証明しようとする。そうした試みは、触知可能な証拠という固定観念の産物であり、それは、十九世紀後半の*唯物論的イデオロギーと完全に同時代的であるというのが彼の主張である。

1 この百五十年前のヨーロッパの分析は、何と今日的であろうか。キリスト教が絶対的な真実としてヨーロッパ社会に君臨していた間は、霊魂の存在など、そもそも証明する必要のない事実であった。必要があったとしても、その物理的証拠などというものは無価値に等しかったし、第一、そんなことは思いつきもされなかったであろう。霊魂というものは、何よりも肉（即ち物質性）の対立概念である。**A** であるということ自体が、既に霊魂の概念を逸脱している。『カラマーゾフの兄弟』の中で、イヴァンは、「あの世と物的証拠、なんたる取り合せだろう！」と叫んでいる。では何故その証拠が必要とされるようになったのか。それは言うまでもなく、キリスト教の、というよりも寧《むし》ろ宗教そのものの凋落《ちょうらく》があったからである。ニーチェが神の死を宣告したのは、二十世紀を目前にしてのことであったが、この宣告は、百年ほども前から既に瀕死《ひんし》の状態であった神に、最終的に臨終の判断を下したという勇気に於《お》いて偉大であったと言うべきである。十九世紀を通じて、神はずっと植物状態にあった。ニーチェの業績は、善《よ》くも悪くもそのチューブを外したということである。臨終の床に居合わせた者達は、或《ある》いは以前からそれに気づいていた者達は、その空隙に悩まねばならなかった。絶対者は消えた。しかし、不安は残った。寧ろ一層強くなりさえした。その空隙を満たしてくれるものこそが、科学であった。科学は、凡《およ》そ信仰の対象となったと言っても過言ではない。自然の神秘について、人間の不思議について、説明してくれるのは最早《もはや》神学ではなかった。科学であった。

　こうした科学に対する信仰は、今日では廃れるどころか、殆《ほとん》ど決定的にさえなった感がある。人々は、科学的に証明された事実をこそ信じる。科学的に証明されない事実は、信じたくとも信じられない。*イェイツの生きた時代から半世紀以上も経った今日に於いても猶《なお》、心霊写真がどれほど多くの人の興味を惹《ひ》きつけることか。写真というものの物理的な仕組みからして、それが霊的存在を証明してくれることなどあり得ない。この世ならぬ何ものかが、人の目には見えなくとも写真には写るという考え方は、まったく以て奇妙奇天烈《きてれつ》な思い込みと言う外はない。私はまだしも、この目で、幽霊なり妖怪なりを見たという証言の方が、ずっと真実であると思う。**2**少なくとも、それが彼の人生に重要な意味を持つ限りに於いては。写真に写るという時点で、その、この世ならぬ何ものかは、結局この世の中の何ものかであったと証明されてしまうとは、どうして考えないのであろうか。或いは、実体は不可知、不可触であるとしても、一時的に物理的な仮象を纏《まと》って顕現することはあり得るという考え方であろうか。それならば、一応筋は通っている。こうした考え方は、霊魂の再受肉を認めないキリスト教社会よりも、輪廻《りんね》のイメージが漠然と世俗化されて残っている我が国に於いての方が、受け容《い》れられやすいかもしれない。が、何《いず》れにせよ、私が心霊写真を巡る現代人の反応の中に見出すものは、霊的な存在を科学的に証明したいという近代的な欲求とともに、死後の生があるとしても、それが何らかの形で物質性を帯びているか、或いは物質との接触可能性を有しているかでなければ、死の不安は決して慰められることはないという唯物論的イデオロギーの倒錯した姿である。

こうした問題は、昨今のカルト教団の教義及び活動に見られる奇妙な科学主義に於いてもはっきりと確認される。信者の多くは、この世ならぬ存在の神秘に憧れて教団に入信する。しかし、入信した彼らを納得させるのは、奇妙にも科学的な証明である。科学的に証明されるが故に（それが、どのような証明かは知らないが）、俄《にわ》かには信じ難い怪しげな話も事実として受け止められる。3 この不思議な現象は、心霊写真を巡る人々の心理構造と完全に一致する。似非《えせ》科学が、今日ほど人を容易に騙《だま》し得る時代はない。

少し前に世間を騒がせた件《くだん》の*ミイラ事件の際にも、私はこうした問題の現代性をはっきりと感じた。ミイラとなった屍体《したい》が生きていることを主張する彼らは、その証明のために、飽くまで医学的な論拠を主張する。つまり、科学的に生存を証明しようとするのである。

カルト教団が、そうした科学主義を奉ずる以上、社会はそれに対抗し、勝利する術《すべ》を持っている。科学的事実に於いて、真実は常に一つである。彼らが、屍体はまだ生きていると主張する時、それが医学的に説明される限りは、その誤りを指摘し、論破することは可能である。しかし、そうでない時には？　私は、いずれ問題となる日のために敢《あ》えて筆に上すが、或る教団が、科学的事実とはまったく別の次元で、つまりは、その教団独自の形《けい》而上《じじょう》学的事実に基づく **B** 観を根拠として、医学的に見れば完全に死んでいる或る人間の死を否定する時、我々の社会はそれにどう対処するのであろうか。結局我々にしても、死とは一体何であるかという困難な問題に対しては、医学的な、即ち科学的な合意以上のものは、何ら持ち合わせてはいない。いや、医学的見解に於いても、脳死を死と認めるべきかどうかと、必ずしも統一された見解の存するわけではない。何とも心許《こころもと》ない話である。

**注**

＊ミルチャ・エリアーデ…（一九〇七―一九八六）。

＊唯物論…精神の実在を否定して物質だけが真の存在であるとし、その根源性・独自性を主張する哲学の理論。

＊イェイツ…ウイリアム・バトラー・イェイツ（一八六五―一九三九）。アイルランドの詩人・劇作家。神秘的・幻想的な作品を多く残し、オカルティズムにも関心を示した。

＊ミイラ事件…ライフスペースを名乗る団体がミイラ化した遺体を回復期にある病人として隠匿し、主宰者らが起訴され、有罪判決を受けた事件。

**問一　傍線部１「この百五十年前のヨーロッパの分析は、何と今日的であろうか」とあるが、筆者がそう考えるのはなぜか。最も適切なものをつぎの中から選べ。**

**ア**　心霊学は十九世紀後半の唯物論的イデオロギーに基づき、ニーチェに先だって神の実在を否定したから。

**イ**　心霊学の理論は霊の物理的顕現を重視し、現代における心霊写真のもつ重要な意味を予見していたから。

**ウ**　心霊学が実験科学の考え方を導入したことは、現代人の陥りがちな科学への盲信に通じるものがあるから。

**エ**　心霊学は物理学を基礎として、死後にも生が存在するという当時の固定観念を打破することができたから。

**オ**　心霊学の科学的な技術は現代のカルト教団によって継承され、その教義の正当性の根拠となっているから。

５点

**問二　空欄 A に入る最も適切な語句をつぎの中から選べ。**

**ア**　死後の生　**イ**　実験科学　**ウ**　触知可能　**エ**　唯物論的イデオロギー

**オ**　証明する必要のない事実

５点

**問三　傍線部2「少なくとも、それが彼の人生に重要な意味を持つ限りに於いては」とあるが、筆者がこのように表現した意図を説明したものとして最も適切なものをつぎの中から選べ。**

**ア**　幽霊や妖怪を見ることができる特殊な能力は、その人の人生を変えるほどの力を持つということを強調するため。

**イ**　幽霊や妖怪を見たと証言することは人騒がせな妄言にしか過ぎないということを、皮肉をこめて表現するため。

**ウ**　幽霊や妖怪の実在は信じないが、それを見たという人を頭から否定するのは不寛容であるということを示すため。

**エ**　幽霊や妖怪を見るという経験は、主観的な経験としては真実であってもよいという考えを表現するため。

**オ**　幽霊や妖怪の実在を否定しているのではなく、写真に霊が写るという非科学性を否定していることを強調するため。

□

5点

問四　傍線部3「この不思議な現象は、心霊写真を巡る人々の心理構造と完全に一致する」とあるが、両者に共通する心理構造とはどのようなものだと筆者は考えているか。つぎの形式に従って、二十五字以上、三十字以内で記せ。ただし、読点や記号も一字と数える。

心理構造

10点

問五　空欄 B に入る最も適切な語を記せ。ただし、その語はたがいに反対の意味を持つ二字の漢字からなる。

5点

**問六　つぎの中から、本文の内容と合致しているものを一つ選べ。**

**ア**　エリアーデは、心霊学が唯物論的イデオロギーと同時代的であることを理由にその思想の正当性を主張した。

**イ**　ニーチェは、近代の人間は科学をこそ信仰の対象にすべきであるという考えに基づいて、神の死を宣告した。

**ウ**　現代人は霊的な存在を科学によって表層的に否定しつつ、深層心理では死後の世界の実在を証明したいと思っている。

**エ**　霊魂の実体は証明できなくてもそれが物理的な形で一時的に現れると考えることは、科学的に正しいと一応言える。

**オ**　カルト教団が奇妙な科学主義を提唱する時、それに対抗する方策としては、医学的、科学的な真実を示す方法が考えられる。

□

5点

問七　この文章の題名として最も適切なものをつぎの中から選べ。

ア　疑似科学的カルト教団の末路　　イ　心霊写真の構造心理学　　ウ　科学信仰時代の人間の死

エ　唯物論的イデオロギーと神の死　　オ　似非科学に騙されない方法

5点

40点

〔出典：平野啓一郎『文明の憂鬱』（ＰＨＰ研究所）〕

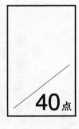

**12** **随筆**

# 「閑人妄語」

志《し》賀《が》直《なお》哉《や》

**明治大学**

目標解答時間 **20分**

本冊(解答・解説) p.134

具体例は軽く読み、筆者の立場と主張をしっかり読み取ろう。

**次の文章を読んで、後の問に答えよ。(本文の表記を改めた箇所がある)**

自分の仕事と世の中とのつながりについては私は割に気楽な考え方をしている。私は来世とか[ア]レイコンの不滅は信じないが、一人の人間のこの世でした精神活動はその人の死と共に直ちに消え失せるものではなく、期間の長短は様々であろうが、あとに伝わり、ある働きをするものだという事を信じている。簡単な一例として、私は四十五年前に亡くなった祖父を憶《おも》う時、私の心の中に祖父の精神の甦《よみがえ》るのを感ずる。こういう意味で、すぐれた人間、例えば、釈迦、孔子、キリスト、というような人たちの生きていた時の精神活動が弟子たちによって一つの形を与えられると、それは殆ど不滅といっていい位に伝わり、働きをする。

創作の仕事も、少し理想的ないい方になるが、作家のその時の精神活動が作品に刻み込まれて行くという意味で、その人の精神が後に伝わる可能性の多い仕事だと思っている。完成した時、作家はそれを自分の手から離してやる。あとは作品自身で、読者と直接交渉を持ち、色々な働きをしてくれる。それは想いがけない所で、思いがけない人によき働きをする事があり、私はそれをのちに知って、喜びを感じた経験をいくつか持っている。それ故、作家は善意をもって、精一杯の仕事をし、それから先はその作品が持つ力だけの働きをしてくれるものだという事を信じていればいいのである。

自分の仕事と世の中とのつながりについては私は A以上のように単純に考え、安心している。

「この時代の人間は B大変な時代遅れな人間なのだ」私はこんな事を考えた。今の時代では色々なものが非常な進み方をしている。進み過ぎて手に負えず、どうしていいか分らずにいる。思想の対立がそれであり、科学の進歩がそれである。科学の進歩に対しては何か一つファインプレーがあると吾々は何も分らずに拍手喝采をおくる。例えば或る長距離の無着陸飛行に成功したという記事を読むと、新記録好きの今の人々は直ぐ拍手喝采をするが、一体、この事が吾々庶民にとってどういう事を意味するかといえば爆撃を受ける時の危険率が増したという事以外の何ものでもないのだ。そういう能率のいい飛行機で愉快な旅をするなどいう事はまずないといっていい。それを喝采して喜ぶというのはおかしな事だ。

人間が新記録を喜ぶ心理は人間の能力がここまで達したという事を喜ぶ心理で、これがために人間は進歩したのであるが、今となっては、それも「過ぎたるは［Ｉ］、及ばざるがごとし」で、何事もあれよあれよで手がつけられずにいる有様だ。この事が予見出来ず、これまでに a手綱がつけられなかったというのはいかにも智慧のない話である。今の人が時代遅れだというのはそういう意味からである。

デモクラシイがいいか、マルキシズムがいいか、どっちなのであろう。両方いいものならば、それがかくも対立して、世界を今日のような不安に b陥れるはずはないし、どっちかがよく、どっちかが悪いものなら、思想と

12

し、政治形態とし、今日までに優劣をはっきり決めて置けばよかった。素朴過ぎる考え方かも知れないが、私はそんな風に思う。これは思想家、政治家たちの怠慢だったと思う。そして今のように結局、対立の解決を武力に求めるというのでは、思想も政治もなく、最初から腕力で争う動物の喧嘩と何ら選ぶところはないというわけだ。第二次世界大戦中から、この次は米国の民主主義とロシアの共産主義の対立になり、第三次世界大戦になるだろうと、よく人がいっていたが、それだけ分っていて、どうして今までに何もしなかったのだろうか。思想家、政治家、宗教家、学者たちの怠慢といえるように思う。

科学については科学の限界を予め決めて置いて、それを超えない範囲で進歩さしてもらうというわけには行かないものか。大体、こういう考え方は学問、芸術の世界では承認出来難い考えで、愉快な考えではないが、科学の場合だけは限界を無視し、無闇に進歩されては大変な事になると思う。そして、その限界は地球という事になると思う。人間はこの地球から一歩も外に出られないものだからである。

私は若い頃、アナトール・フランスの「エピキュラスの園」の一節で、この地球が熱を失い、最後に残った一人の人間が、何万、何十万年の努力によって築き上げられた人間の文化をその下に封じ込めてしまった氷河の上で、最後の一人が光の鈍った赤い太陽を眺め、何を考えるという事もなしに息をひきとる、これが最後の人間の絶えた時だというような事があるのを読んで、反抗するような気持で、それは地球の運命であって、必ずしも人類の運命ではないと思った事がある。吾々は人類にそういう時期、即ちこの地球が我々の進歩発達に条件が不適当になる前に、出来るだけの発達を遂げて、地球の運命から自分たちの運命を切り離すべきだと思った。これは大変便利な考え方で、この考えをもってすれば、大概の現象は割りきれた。究極にそういう目的があるのだと思うと、いかなる病的な現象も肯定出来るのである。そういう［Ⅱ］の変則な現われだと思う事が出来るから、総てが割りきれた。飛行機の無制限な発達も、原子力も（その頃はこんなものはなかったが）総て讃美する事が出来るわけである。私は三十二、三歳まではそういう空想に捕われ、滅茶苦茶に興奮する事がよくあったが、どうかすると急に深い谷へ逆落としに落とされたほどに不安イショウリョを感じる事がよくあった。私はそれに堪え兼ね、東洋の古美術に親しむ事、自然に親しむ事、動植物に接近し親しむ事などで、少しずつそれを調整して行くうち、いつか、前の考えから離れ、段々にその丁度反対の所に到達し、ようやく心の落ちつきを得る事が出来た。以来三十何年、その考えは殆ど変わらずに続いている。

それはさて置き、私は科学の知識は皆無といっていい者だが、自然物を身近く感ずる点では普通人以上であるという自信があり、ウオク面もなく、こういう事を書くのであるが、今の科学は段々地球からはみ出して来たような感じがして私は不安を感ずるのである。第一に吾々がそれから一歩も出る事の出来ない地球そのものが段々小さくなって行く事が心細い。遠からず、日帰りで地球を一周する事が出来るようになるだろう。これはまことに淋しい事である。人間以外の動物でそんな事をしたいと思ったり、しようとする動物は一つもない。しかも、人間にそういう事が出来るようになって、どういういい事があるのか。考えられるのは悪い事ばかりである。

Cおのれの分を知るというのは個人の場合だけの事ではない。人間のこの思い上りは必ず自然から罰せられる。既に人間はその罰を受けつつあるのだ。私にはそう思える。人間がいくら偉くなったとしても要するにこの地球上に生じた動物の一つだということは間違いのない事だ。他の動物を遥《はる》かに引き離して、ここまで進歩した事には感心もするが、時に自らを省みて、明らかに自身が動物出身である事をまざまざと感じさせられる場合もあるのだ。

最近、私は庭で親指の腹ほどのガマ蛙を見つけて、硝子《ガラス》の花器に入れて飼って見たが、ガマは逃れたいと思うのか、花器の側面につかまって、のび上るようにしてよく立っている。その恰好がまだ歩けない赤児のつかまり立ちにそっくりなのだ。しかも、赤児がやるように、それで横歩きをする。腰から下に、膝があり、すねがあり、踵があり、足のひらがある。ひろげた手には肘があり、掌があり、指がある、異なるところは首が人間のようにくびれていないだけである。

動物の世界も強食弱肉で、生存競争はなかなか烈しいが、何かその間に調和みたようなものも感じられ、人間の戦争ほど残忍な感じがしない。つまりそれは[Ⅲ]内の事だからかも知れない。人間同士の今日の殺し合いは[Ⅲ]の外である。

人間は動物出身でありながら、よくぞ、これまで進歩したものだという事は驚嘆に値するが、限界を知らぬという事が人間の盲点となって、自らを亡ぼすようになるのではないか。総ての動物中、とび離れて賢い動物でありながら、結果からいうと、一番馬鹿な動物だったという事になるのではないかという気がする。今の世界は思想的にも科学的にも、上げも下げもならぬ状態になっている。D他の動物にはなく、人間だけがそれを作った、思想とか科学というものが、最早、人間にとって「マンモスの牙」になってしまったように思われるが、どういうものであろうか。

**注** アナトール・フランス――一八四四～一九二四。フランスの詩人、小説家、批評家。

**問一　傍線ア「レイコン」、傍線イ「ショウリョ」、傍線ウ「オク」をそれぞれ漢字に改めて記せ。**

| ア | イ | ウ |
| --- | --- | --- |
| | | |

2点×3

**問二　傍線a「手綱」、傍線b「陥れる」の漢字の読みをそれぞれひらがなで記せ。**

| a | b |
| --- | --- |
| | |

2点×2

**問三　傍線A「以上のように単純に考え、安心している」とあるが、なぜ「安心」できるのか。それを説明したものとして最も適切なものを、次の中から一つ選び出して、番号で答えよ。**

① 一人の人間のこの世でした精神活動は、その長短は様々であろうが、あとに伝わり、色々な動きをして、その精神が甦るから。

② 一人の人間のこの世でした精神活動は、その長短は様々であろうが、殆ど不滅といっていい位に伝わり、その精神が甦るから。

③ 作家のその時の精神活動はその作品に刻み込まれ、読者と直接に交渉を持ち、よき働きをしてくれると信じていればいいから。

④ 作家のその時の精神活動はその作品に刻み込まれ、読者には直接その作品が持つ力以上の働きをしてくれるものと信じるから。

問四　傍線B「大変な時代遅れな人間」とあるが、なぜこのように言えるのか。それを説明したものとして最も適切なものを、次の中から一つ選び出して、番号で答えよ。

① 今の時代は思想の対立にあるが、それに伴って科学の進歩で競い合い、かえってそのことで喜び合えない状況を作っているから。
② 今の時代は思想の対立はあるが、科学の進歩で克服できると考えていて、かえって不愉快な状況にあるとは気づいていないから。
③ 科学の進歩は際限がなく、新記録に拍手喝采しているのはいいとして、新記録に喜びを感じられなくなるという矛盾を抱くから。
④ 科学の進歩は際限がなく、新記録に拍手喝采しているうちに、制御できない状況を生じさせている矛盾に気がついていないから。

4点

問五　空欄［Ｉ］にあてはまるものとして最も適切なものを、次の中から一つ選び出して、番号で答えよ。

①　ただ　②　なお　③　また　④　やや

5点

**問六** 空欄 Ⅱ にあてはまるものとして最も適切なものを、次の中から一つ選び出して、番号で答えよ。

① 地球の発展 ② 人類の発展 ③ 地球の意志 ④ 人類の意志

2点

**問七** 傍線C「おのれの分」とあるが、それに置き換えられる内容を具体的に表したものとして、最も適切な箇所を本文中から十一字で抜き出して記せ。

4点

5点

**問八** 空欄 Ⅲ にあてはまるものとして最も適切なものを、次の中から一つ選び出して、番号で答えよ。

① 科学の法則 ② 自然の法則 ③ 思想の法則 ④ 地球の法則

3点

12

問九　傍線D「他の動物にはなく、人間だけがそれを作った、思想とか科学というものが、最早、人間にとって「マンモスの牙」になってしまったように思われるが、どういうものであろうか」とあるが、筆者が主張していることとして、最も適切なものを、次の中から一つ選び出して、番号で答えよ。

① 科学の無制限な進歩は地球を段々小さく狭くし、そのため人間はますます忙しくなる。思想の対立は他の動物にはないもので、戦争に発展する不安要素を多分に持っている。

② 科学の進歩には限界があるということは、学問の世界では承認出来難く、常に進歩、発展を目指すべきである。思想には様々なものがあってよく、様々な思想は不滅である。

③ 科学の無制限な進歩は地球の破壊をもたらすもので、制限を設けるべきである。思想や政治は他の動物にはないもので、いまや戦争による人類滅亡の不安をもたらしている。

④ 科学の進歩に限界がないことは、学問の世界では承認出来ることであり、人類の幸福につながるものである。思想には様々なものがあるが、特定の思想で統一すべきである。

5点

問十　志賀直哉の代表作を次の中から一つ選び出して、番号で答えよ。

①　雪国　②　暗夜行路　③　夜明け前　④　細雪

2点

［出典：志賀直哉「閑人妄語──『世界』の「私の信条」のために──」／『志賀直哉随筆集』（岩波書店）所収］

／40点

12

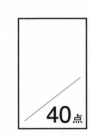

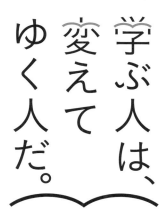

大学入試 全レベル問題集

# 現代文

河合塾講師 梅澤眞由起 著

4 私大上位レベル

改訂版

# はじめに

現代文――なんとも曖昧《あいまい》な名前のとおり、その姿も霧におおわれているような感覚が君たちに染みついているかもしれない。

北海道根釧《こんせん》原野の北端に位置する摩周湖《ましゅうこ》――ほとんど一年中霧に包まれ、その姿を人に見せない神秘の湖――その湖が偶然か必然かその姿をあらわにするときが、一年に数度あるという。

その湖のように、僕らの目の前に〝現代文〟がその姿を現すときがあるだろうか。それは誰にも断言はできない。摩周湖がその姿を現すときが、現代気象学をもってしてもわからないように。〝現代文〟もまた、知識や法則を拒む側面を持っているからだ。

しかしもし〝摩周湖〟の姿を見る者がいたとするならば――かつてその原野に土着する民らは、深い霧に包まれた森の中で、秘《ひそ》かに神への祈りを捧《ささ》げながら、霧が晴れ湖が姿を現すその一瞬を見たという。彼らにならうならば、僕らもまた〝現代文〟という湖の前に、霧にまぎれながら立ち尽くし、〝現代文〟の現れを待つしかないだろう。ただ、かつての民たちがそうだったように、僕らにも待つ方途がある。本書はその方途を示すものだ。

よく考えれば、僕らの世界そのものが曖昧なのだ。だがその曖昧さにいらだち不安を抱え、確かで強いものに身をすり寄せるよりも、その曖昧さ、中途半端さをこそ身にかぶり、その曖昧さを引き受けて世界を飼い馴《な》らす方法を身につけることこそが、この世界に生きる僕らの、悲惨と栄光なのではないだろうか。そのようにして世界との出会いを待つこと、しかも、〝現代文〟との、めくるめく困惑の中に身を浸《ひた》し、なおかつそれを楽しむための道しるべを手にすること、そして、この〝現代文〟という霧の向こうへ突き抜けること――おそらくそのさなかで、僕らは文章や筆者という不思議な他者と出会うだろう。それは幸福な出会いでもありうるし、嫌悪といらだちでしかないかもしれない。しかし、それを楽しむことのできる者だけが、湖の姿に出会う。

僕らは、湖の姿を見る者である。したたかな出会いの流儀を身につけて、〝霧を突き抜ける〟者であるはずだ。ならばもう、ためらいはいらない。今、いっきに言葉の湖《うみ》へ。

梅澤眞由起

# 目次

# この問題集の構成と使いかた

まずは別冊の入試問題を解きましょう。目標解答時間が示されているので、時間をはかることも忘れずに。問題を解き終えたら、いよいよ解説に進みます。各講の解説は、大きく分けて、つぎの二つに構成されています。

**問題文ナビ**…出題された文章、つまり問題文そのものを細かく読み解きます。

**読解のポイント** **ひとこと要約** などで、頭の中をしっかり整理してください。

**設問ナビ**…出題された設問を解説していきます。自分自身がひっかかってしまった点をここでしっかり解決しましょう。

---

# 本冊で使用する記号について

**ムズ**…間違えても仕方のない、ややむずかしい設問に示してあります。

**大ムズ**…むずかしくて、かなり正答率の低い設問に示してあります。

**合格点 30点**…〈予想される平均点＋1問分〉として示してあります。

**語句ごくごっくん**…問題文に登場した重要語句を解説しています。言葉を飲み込んで、みんなの血や肉になることを意識したネーミングです。しっかり飲み込んでください。

**L42**・**L42**・**L(42)**…問題文での行番号を示しています。

**梅POINT**…現代文の大事なポイントをひとことでビシッと示しています。同じ種の設問などにも共通するポイントなので、頭のひきだしに入れておきましょう。

**テーマ 言語1**…各講の問題文で扱われたテーマについて、もう一歩踏み込んで解説しています。

**チョイマヨ**…間違えやすい、〈チョイと迷う〉選択肢を示しています。

## 「全レベル問題集　現代文」シリーズのレベル対応表

*掲載の大学名は購入していただく際の目安です。

また、大学名は刊行時のものです。

| シリーズラインナップ | 各レベルの該当大学 |
|---|---|
| ① 基礎レベル | 高校基礎～大学受験準備 |
| ② 共通テストレベル | 共通テストレベル |
| ③ 私大標準レベル | 日本大学・東洋大学・駒澤大学・専修大学・京都産業大学・近畿大学・甲南大学・龍谷大学・東北学院大学・成蹊大学・成城大学・明治学院大学・國學院大學・亜細亜大学・聖心女子大学・日本女子大学・中京大学・名城大学・京都女子大学・広島修道大学　他 |
| ④ 私大上位レベル | 明治大学・青山学院大学・立教大学・中央大学・法政大学・学習院大学・東京女子大学・津田塾大学・立命館大学・関西大学・福岡大学・西南学院大学　他 |
| ⑤ 私大最難関レベル | 早稲田大学・上智大学・南山大学・同志社大学・関西学院大学　他 |
| ⑥ 国公立大レベル | 東京大学・京都大学・北海道大学・東北大学・信州大学・筑波大学・千葉大学・東京都立大学・一橋大学・名古屋大学・大阪大学・神戸大学・広島大学・九州大学　他 |

## 「全レベル問題集　現代文」WEB 特典

### 共通テスト／志望大学別　出題分析と学習アドバイス

共通テストや各レベルの主要大学の出題傾向分析と学習アドバイスを紹介しています。

今後実施される共通テストについては、こちらのサイトに解説を掲載します(2023 年 12 月時点)。

以下のURLか右の二次元コードから、公式サイトにアクセスしてください。

https://service.obunsha.co.jp/tokuten/zenlevelgendaibun/

※本サービスは予告なく終了することがあります。

執筆者　**梅澤眞由起**（うめざわ まさゆき）

河合塾講師。北海道札幌市出身。著書に『入試精選問題集 現代文』『得点奪取　現代文』（ともに河合出版：共著）、『私大過去問題集』（桐原書店）、『基礎からのジャンプアップノート　現代文重要キーワード・書き込みドリル』『〃 現代文読解・書き込みドリル』（旺文社）など。文章を丁寧に読み解く授業には定評がある。

編集協力：鈴木充美
校正：加田祐衣／豆原美希／宮川咲
装丁デザイン：（株）ライトパブリシティ
本文デザイン：イイタカデザイン

# 現代文について

## 現代文の原点 ① 根拠をつかもう!

「客観的」という言葉があります。「客観的」とはほかの人の立場に立つ、という意味です。では、この「ほかの人」とは誰でしょう? 受験の現代文では、「ほかの人」とは〈**筆者**〉です。では〈筆者の立場に立って読み、解答する〉には、具体的にはどういうことをすればよいのでしょうか?

　それは自分の考えや常識を交《まじ》えずに、**筆者の記した言葉とそこに現れた筆者の意識だけを**、**読解の**、そして**解法の手がかりとする**、ということです。〈ここにこう書かれているから、こういうことだ。ここにこう書かれているから、解答はこうなる〉というふうに、**つねに読解の根拠を問題文に求める**ということ。つまり、与えられた文章で筆者はなにを述べていたかを答えることが、「客観的」=筆者の立場に立つ、ということです。現代文では、みんなは筆者の考えを忠実に大学へ伝える筆者の分身なのです。

　僕は河合塾のオンライン授業で、自分の講座に「イタコ修行編」という名前をつけたことがあります。「イタコ」って青森県の恐山《おそれざん》とかにいる霊媒師です。「イタコ」は〈死んだジイジの声を聴きたい〉ってやってきた家族の願いを聞き、自分を捨ててジイジを自分に乗り移らせ、〈く・る・し・い……〉とかジイジの声を家族に届けます。

　そう、みんなは「イタコ」なんです。「イタコ」として筆者(=ジイジ)を背負って、その声を大学(=家族)に届けなければなりません。その筆者の声を忠実に届けられれば○。〈今日は霊(=ジイジ=筆者)のノリがちょっと悪いな〉とかいって〈お金たくさん置いてけぇ〜〉とか嘘《うそ》のジイジの声を届けたら、「イタコ」失格!→大学は去っていく……。

　もちろんレベルが上がれば、問題文に書かれていない内容を推論しなければならない場合も出てきます。ですがその場合でも、〈問題文にこう書かれているから、こう推測できるのではないか?〉というふうに、あくまで筆者の書いた言葉に即した根拠を求めて読解していかなければなりません。

そして「根拠」とは〈問題文に書かれていて、読解や解法を支える証《あかし》〉のこと。みんなはつねにこの「根拠」を問題文に探してください。根拠をもとに答えること――これが「客観的に解く」ということの意味です。

# 現代文の原点

## ② 論理的になろう!

「**客観的**」な読解ということともうひとつ、現代文の学習でよくいわれることが「**論理的**」に読み解く、ということです。「論理」ってむずかしそうだけど、ある論理学の先生は〈論理は思いやりだ〉っていってます。つまり文章を書いている人は、自分のいっていることを読んでいる人にわかってもらいたいんだ。だからどうやったらわかりやすくなるか、そのことを考えて、〈ふつうなら言葉や話題はこうつながるよね、こうつながったほうがわかりやすいよね〉って考えて文章を書く。なので文章の中には、**言葉のつながりや内容のつながり**、つまり**論理**が生まれる。文章のことをテキストと呼びますね。織物のことはテキスタイル、語源は同じです。織物は縦糸と横糸で成り立つ。テキストの縦糸は書かれた日本語、そして横糸は眼には見えませんが、そのつながりが**論理**です。その見えない横のつながりを追いかけてたどっていくことが筆者の思いやりを受けとめて、文章を読み文章を理解するということです。

そのつながり(=論理)は、一番小さい単位でいえば語句と語句とのつながりから始まり、文と文、段落と段落、そして複数の段落のつながりが生み出す意味のブロックとほかの意味のブロックとのつながり、そして文章全体のつながりへと広がっていきます。その全体像を意識できるようになることが、〈**論理的に読む**〉ということです。

# 現代文の解き方について

問題を解く前に、みんなに、どうやって問題を解くかという自分なりのスタイルを考えてほしいと思います。たとえば読みながら解くのか、一度最後まで読んでから解くのか？　まあ絶対ではないですが、僕は一度最後まで読んでから解くことを勧《すす》めます。そのほうが文章全体が視野に入るからです。読みながら解くと、問題文の読解が中断されるし、またたとえば、まだ読んでないところに解答の根拠があるのに、それを見ないで、ただたんに今まで読んできたところに書いてあったことが書いてある選択肢を○にしてしまう、なんてリスクがあります。

ただし時間が足りない人は意味のブロックごとに問題を解く（あるいは、つぎの傍線部のところまで読んで、前の傍線部の問題を解くとか）、というのも仕方がないと思います。そのときはまだ読んでないところに根拠があるかもしれないと思うことと、全体の流れを意識すること、そして、下の梅POINTを忘れないでください。

---

**POINT 梅**

選択肢問題は、すぐに選択肢を見ないで、問題文からヒントや正解の要素をつかみ、それを含んでいる選択肢はどれか……という積極的な方法で選ぶべし。それでも手がかりがつかめない場合は消去法*に転換すべし。

**POINT 梅**

消去法*で傍線部問題を解くときにも、たんに問題文に書いてある・書いていない、という理由だけで○にするのではなく、傍線部や設問の問いかけとマッチしていることを正解の基準にすべし。

＊消去法……間違いや問題文に書いていないことを含む選択肢を消していって、正解を選び出す方法。

では、一応僕が勧める、「一度最後まで読む」というスタイルで、つぎのページに「現代文のお約束」を書いておきます。

# 「現代文のお約束」

## 学習する上でのこころがまえ

**◆時間配分に注意**

どんなにむずかしい文章でも、問題文の読解に時間をかけすぎてはいけない。もち時間の60％は設問を解く時間に使おう。

**◆二段階のチャレンジ**

❶時間を決めて（一題平均25～30分）、アラームを鳴らすとか、ホントのテストのつもりで解く。

❷その2、3日あとに、他人の立場に立ち徹底的に自分の解答にツッコミを入れて、なぜこの解答にしたのか、他人に説明できるようなチェックを行う。最初のテスト時間内にできなかった部分や、あとで書き換えた答えは青などで書く。もとの答えは残しておく。

## 解法の手順

### 1 設問をチラ見する

①傍線のない設問（内容合致（趣旨判定）以外）は**問題文全体を意識しよう**。相違点説明・分類分け・違うもの探しなどの設問は**対比を意識しよう**。

②脱落文補充・整序問題・正誤修正問題があるか、を確認しよう。時間がかかるので時間配分に注意！

③記述問題・抜き出し問題があれば、該当する傍線部の表現を覚えておこう。

### 2 〈大きな（＝マクロな）つながり〉をつかむ

テーマを読み取り、文章の大きな（＝マクロな）つながりと意味のブロックをつかもう。初読は最大でも10分で済ませる。わからないところは読み飛ばす。細かく読みすぎない！ 可能ならば、頭の中でもよいから、テーマを20字程度でまとめる。

## 文構造の種類

### イイカエ

Aに傍線を引いて、Aと同じ内容の部分（A´）を手がかりにしてAを説明させたりする設問などが作られる。

**A´＝A**

**A：言葉には複数の意味がある**
**＝**
**A´：言葉は多義的だ**

### 例（具体）とまとめ（抽象）

イイカエの〈つながり〉の変形バージョン。具体例（A）の部分に傍線を引き、Aを抽象化させたり、イコール関係にあるまとめ（A´）の部分の内容を答えさせたりする設問が作られる。

**A（例）＝A´（まとめ）**

**A（例）：父は今日も残業だ**
**＝**
**A´（まとめ）：日本人は勤勉だ**

### 対比

二つの対照的なことがらを比べ合うのが対比。二つの違いを問う相違点説明や、同じグループにある語句の組み合わせを問う設問などが作られる。Aに関することが離れたところにもう一か所あれば、それをつなぐとイイカエの〈つながり〉が作られることにもなる。

**〈B〉↔A**

**A：文学は主観を重んじる**
**↔**
**〈B〉：科学は客観性を重んじる**

### 因果関係

論理〈つながり〉のメイン。問題提起をした文章や「どうしてか」ということを追究した文章では、結果や事象（A）に傍線を引き、その理由（B）を問うという設問などが作られる。理由説明問題がある場合は、展開のある文章であることが多く、視野を大きくもち、論理的に整理していくことが求められる。

**A（結果）←B（理由・原因）**

**A（結果）：科学の発展**
**←**
**B（原因）：産業革命**

## 初読の際の具体的な作業

① 段落冒頭の接続語・指示語や段落間の共通語句をチェックし、段落同士の話題のつながり、境界・区分け（意味のブロック）をつかむ。

② **対比（二項対立・日欧比較文化論・近代とほかの時代・筆者の意見とほかの意見や一般論との対立）**をつかむ。できたら、対比関係にあることがらのどちらか片方を〈　〉で囲む。

③具体例は軽く読む。「このように・要するに・つまり」などではじまる〈まとめ〉の部分に傍線を引く。

④引用、比喩もイイカエ関係なので、具体例と同じように扱う。

⑤問題提起とそれに対する筆者の結論に傍線を引く。

⑥筆者の考えが強調されているつぎのような箇所や、繰り返されている内容をチェックする。

「もっとも大事なことは～」

「～こそ必要である」

「～しなければならない」

「このように(して)～」　＊まとめの表現

「～ではない(だろう)か」　＊打ち消しを伴う問い

⑦定義の部分「〇〇とは～である」に傍線を引く。

(行の冒頭にチェックマークをつけるだけでもよい)

**注意点**

・傍線は引きすぎないように。自分が大事だと思う箇所に傍線を引くのではなくて、筆者が大事だということを示している右のような箇所にだけ傍線を引く。

・漢字と分類問題・違うもの探しなどは初読のときに解いてもよい。

---

## 3〈小さな(＝ミクロな)つながり〉をつかむ

設問ごとに、改めて問題文をチェック。

①傍線部が、傍線部を含む文の中でどんな位置にあるか確認する(傍線部の主語は？　述語は？)。

②解法の手がかりを得るために、傍線部前後の**接続語**と**指示語**を意識する。

③傍線部の近く、あるいは遠くの**イイカエ関係**に注目する。

### ●傍線部問題の注目点

①傍線部自体の意味・難解語の解読には語い力が必要(内容説明問題ならその語句のイイカエを考える)。

②傍線部やその前後の表現と同じか類似の表現をチェックして、それらと同じ表現のある箇所をつなぐ(内容説明問題ならイイカエ部分を考える。理由説明問題ならイイカエのある部分の前後に手がかりを探す)。

### ●空欄補充問題の注目点

①空欄が、空欄を含む文の中で主語・目的語・修飾語・述語のどれに当たるか判断しよう。

② 空欄と前後の語との〈つながり〉を確認しよう。
③ 空欄の前後の文との小さな〈つながり〉を指示語・接続語で確認しよう。
④ 空欄前後の表現と同じか類似の表現をチェックして、それらと同じ表現のある箇所をつなごう。
⑤ 問題文全体や段落のテーマ、筆者の立場、言葉づかいと合致するものを空欄に入れよう。

## 4 内容合致（趣旨判定）問題などを解く

内容合致（趣旨判定）問題は、間違いを見つけたり、問題文に書いてあるかないかを吟味したりする消去法でいいが、ほかの問題は自分でヒントや正解の要素をつかみ、それを含んでいる選択肢はどれか、という積極的な方法で正解を選ぶ。問題文に書いてあるから、という理由で単純に○にしてはいけない。

---

### 復習しよう

① 解説を読もう。
② まっさらな問題文をコピーしておいて、文章の全体の流れ（大きなつながり）を意識し、自分の言葉でかみ砕いて読もう。
③ 声に出して誰かに説明するように、それぞれの設問の解きかたをもう一度確認しよう。
④ 語句を確認しよう。
⑤ 200字程度の要約を行う。各講に載っている「200字要約」と照らし合わせてみる。できれば誰かにチェックしてもらおう。
⑥ 数学と同じで、同じ公式を違う問題で使えることがポイント。今まで書いてきたようなルールを確認し、すぐに新しい問題にチャレンジしよう。

1 評論

# 『グローバリゼーションとは何か』

中央大学（改）

別冊（問題） p.2

## 解答

| | | |
|---|---|---|
| 〔問一〕 | (5) 要請　(7) 一挙　(8) 崩壊（潰）　(9) 包摂　(10) 衰退 | 2点×5 |
| 〔問二〕 | (1) F　(2) B　(4) C　(6) A | 2点×4 |
| 〔問三〕 | E | 4点 |
| 〔問四〕 | C | 3点 |
| 〔問五〕 | ア A　イ B　ウ B　エ B　オ A | 3点×5 |

ムズ 〔問四〕、〔問五〕エ

合格点 30点

／40点

## 問題文ナビ

### 語句ごくごっくん

L5 **共同体**…血のつながりや住む土地のつながりで結びついた集団

L8 **モニュメント**…記念碑

L11 **相互扶助《ふじょ》**…互いに助け合うこと

L11 **コミュニティ**…一定の地域に住み、共に生きているという感情を抱く人間の集団。共同体

L11 **アイデンティティ**…確かな自分、自己同一性。集団帰属感（＝ある集団・社会に属しているという感覚）

L14 **画定**…くぎりをはっきりと定めること

L16 **明示的**…はっきりと示すさま

L19 **規範**…きまり。手本

L19 **差異化**…違いをはっきりさせること。違いを作り出すこと

L23 **ナショナリズム**…自分たちの民族、国家の発展を推し進めようとする考えかた。民族主義。国粋主義

L23 **グローバリゼーション**…国家の枠を超えて、世界規模で物や人間、金銭が動く現象

L28 **一元化**…多くのものを一つのものの元に統一すること

L31 **恣《しい》意的**…勝手気ままなさま

L37 **周知**…知れわたっているさま

L38 **冷戦**…1990年以前の、アメリカと旧ソ連の対立

**読解のポイント**

・人々が地球的な規模で交流するようになる

↓

・近代では、共通の言語や文化などが、国家や民族に対する帰属意識を作り出した

↓

・近代国家は、共通性をもつと見なされる「われわれ」の範囲を決める

↓

・「われわれ」=「ネーション（国民）」が作られ、「他者」=〈かれら〉との差異化が図られた

↓

・ナショナル（=国民国家）があるからグローバリゼーションがある

問題文は、第一段落で一般的な話をしていますが、第二段落冒頭の「しかしながら」という逆接の接続語で、話題を「近代」にしぼります。また**L21**からは「グローバリゼーション」の話が登場します。さらに最後の二つの段落は、「ナショナリズム」と「グローバリゼーション」がコインの裏表のように一体であることを述べた部分です。その証拠に「ナショナル（ネーション）」と「グローバル」という語句が何度も登場します。このように、登場する語句の移り変わりを見ながら、問題文の論理（=つながり）を追い、意味のブロックを確かめていきましょう。問題文を四つに分けて見ていきます。

## I 世界のありかた（冒頭～L6）

「人々が地球的な規模で交流する（これはあとで出てくる『グローバリゼーション』と同じことですが、ここでは近現代よりも古い時代の話と考えましょう）」ような時代になり、多くの人が〈こっち〉にやってきます。そして土地や血のつながりなどで作られた「共同体」（L5）だけではなく、会ったこともない人でも「共通した祖先・神話」を共有していたかのようにして、「われわれ」とい

う仲間を作ります。そうした「われわれ」が「村」、「帝国」という形でかつてから存在してきたものだということもあるでしょうが、この仲間は「想像」によるものにすぎません。

## Ⅱ 近代世界のありかた（L7～L20）

でも、「われわれ」という集団が、〈オレたち仲間だぞ！〉という「帰属意識（＝ある集団に属しているという意識）」（L7）を強く共有したのは、「近代」という時代です。「近代」という時代は、近代的な国家を作るために、「共通の言語」や「歴史や文化」などの「装置（＝仕組み）」が、大きな意味をもつようになった時代です。

ですが、ある集団（＝われわれ）が自分たちの領域や範囲をきちんと設定できたわけではありません。曖昧な領域に境界を設けて、「われわれ」の範囲を暴力的に〈ここからここまで〉と「画定」したのが近代国家です。「暴力的」にやったのですから、「われわれ」というグループは、必ずしも言語や習慣や宗教などの共通性によるものではなく、むしろ、境界が画定されたからこそ、共通の言語や共通の祖先などの神話が創り出されたと考えるべきでしょう。また、「共通の敵」（L17）に対して、集団意識が強化されました。こうして作られた「われわれ」を、近代では「ネーション（国民）」と呼びます。そしてこれが、近代の作り出した、「われわれ」と「他者」との「差異化」（L19）です。

## Ⅲ 近代国家のしたたかさ（L21～L38）

近代国家も「国民」も、「想像」の上に成り立っている。「想像」の上に立っているなら、もろいはずですね。でも「ネーション（国民）」というイメージはそんなに甘いもんじゃありません。「想像」だからこそ、「日々想像され続け」＝〈どうにでもうまく解釈されて〉＝「柔軟性（フレキシビリティ）」を発揮し、「時代の変化に適合するように変化する」（L25）のです。また、「再帰性（リフレキシビリティ）」（L24）とは、〈ある動作の作用が動作を行ったもの自身に返ってくること〉をいいます。「U」の字のイメージですね。ある「ネーション」は、時代や外部の人々が自分たちの「ネーション」に「要請」していることを取り込んで、自分の姿をその「要請」に合った形にしていくのです。自分が外の視点に立って自分を見て、見えた姿を今度は自分自身が身につける。それが「ネーション」の「再帰性」ということです。

だから「国民国家」や「ネーション」は「想像」ではあってもしぶとく、「われわれ」と他者を分け続けます。それが「想像の共同体としての国民国家」（L27）です。

そして筆者は「重要なのは、多様な帰属のあり方がネーションへと一元化されて、『われわれ』と他者へと分割されてきたということ」（L28）だと述べています。ここで筆者がいいたいのは、「多様な」はずのものが「一元化」され単純なものになったということです。自分とは何か、といえば、「ナショナル・アイデンティティ（＝ある国家に属していることで感じる確かな自分らしさ）」こそ自分だ、ということにいつしかなってしまうのです。

どこを「境界」にするのかは、かなり「恣意的（＝勝手気まま）」なものですが、そこに引かれた境界が暴力的だったため、人々が「ネーションから免《まぬか》れる道は、残されていないのです」（L32）。

もちろん、民族が自立しようとして「新しい境界を作りだす」という動きもあります。でも強制的に国境が引かれ、「われわれ」が作られ、他者が排除されるということは、近代を通してずっと今まで続いてきたのです。

## Ⅳ グローバリゼーションとナショナリズム（L39〜ラスト）

現代は「グローバリゼーション」の時代だといわれます。それは「交通手段の飛躍的な発展によって文字通り地球的な規模での統合化を推し進める」（L40）ことであり、「境界を越えるという活動」（L45）です。でも「越える」ためには「境界」がなければなりません。それは「われわれ」と他者を分ける「境界」です。つまり「グローバリゼーション」は「境界」がある、「境界」を作る、という近代の「差異化」があってこそありうる動きだということです。つまり「国民国家の形成がグローバリゼーションを創りだした」（L47）のです。

また近代の「差異化」は、近代においては人々だけでなく、「国家」をも分けていきます。国家は「単一の帰属」（L42）先だよといって、ネーション（国民）を取り込む一方で、国民に「特権」（L43）を与えます。そして「特権」を得られなかった人は国境を越えて「グローバル」へと向かうでしょう。それでも、Ⅲで確認したように国民国家は強い。また国家が「差異化」されるということは、国家のランキングができるということです。そしたらどこの国家も一番を目指すでしょう。そのとき国家と自分を一つと見なす「ナショナル・アイデンティティ」は、〈自分の国家が一番だ！〉という「ナショナリズム（＝民族主義・国粋主義）」に結びつきやすいものとなります。

つまりグローバルとナショナルとは、お互いに打ち消し合って「ゼロ＝サム」＝〈プラスマイナスゼロになるもの〉になるのではなく、「ナショナルな境界が作られたこと」が大元《おおもと》で、そうした「ナショナル」な行為の中に、すでに「グローバリゼーション」という、境界を越える方向性が含まれていたということです。

**テーマ　国民国家（Nation-state）**

**国民国家**は、国家内部の全住民を一つのまとまった構成員（＝国民・民族）として統合することによって成り立つ**近代国家**の典型の一つです。**国民国家**を成立させ、人々をまとめるために使われた〈ネーション〉は、もともと〈生まれ故郷を同じくする人の集団〉を意味しますが、そこから〈文化、言語、宗教や歴史を共有する人々〉、つまり「民族」という意味が生まれてきました。ですが〈ネーション〉は、ベネディクト・アンダーソンという学者が「想像の共同体」というように、実体があるわけではない、〈想像の産物〉だと考えられます。よって国民国家・民族国家も「想像の共同体」なのです。

## ひとこと要約

ナショナルとグローバルは親子だ。

## 200字要約

満点30点

[a]人々が地球的な規模で交流するようになると、「われわれ」という同類の範囲を画定しようとする動きが生じる。[b]とくに近代は、人々に言語や文化などを共有させ[c]集団意識を強化しようとした。そして[d]近代国家は強制的に境界を設定し、[e]人々の多様なありかたは国民国家に組み込まれていった。[f]境界を越えていこうとするグローバリゼーションも、国家という境界があるからこそ生じたものであり、両者は相関する存在なのである。（194字）

＊aは、「人々が地球的な規模で交流するようになる」ことと、「同類（われわれ）の範囲を画定しようとする動き」との両方がそろっていなければ不可。

＊bは、「言語」、「国家」、「神話」、「文化」、「歴史」のいずれかがあればよい。

＊eは、人々の「多様性」に触れていない場合は3点。

a・d・e・f…6点／b・c…3点

## 設問ナビ

### 問一 漢字問題（書き取り）

(9)「包摂」は〈あることがらや概念が、より一般的なことがらや概念に包み込まれること〉。

**解答** (5) 要請　(7) 一挙　(8) 崩壊（潰）　(9) 包摂　(10) 衰退

### 問二 空欄補充問題

空欄(1)は、直後の「はるか昔に遡《さかのぼ》って」という部分にかかるので、時間的な意味をもつ**F「歴史的」が正解**。

空欄(2)は、直後の「むしろ」に注目。「むしろ」は前のものを打ち消したり、後ろに続くものと比較したりするときに使う接続語。**「〜ない。むしろ…」という流れが基本**。そして比較や対比の文脈を作ります。ここでも「むしろ」のあとの「曖昧」と対比される語が(2)に入れば、**対比**的な文脈が作れます。「曖昧」というのは、〈はっきりしないこと、不確定であること〉という意味だから、これと反対の意味を表す**B「固定的」が適切**です。(2)にA「強制的」を入れようとした人もいるかもしれません。でも「強制的」という暴力的な感じと(2)直後の「厳密に」という冷静さがミスマッチですし、「強制的」という語は、「固定的」に比べ、「曖昧」とうまく**対比**することができません。そして何より、(6)には「強制的」が最適なので、(2)には入らないことになります。**〈二度同じものを用いてはいけない〉と設問文に書かれているときは〈迷うところがあるよ〉というサインなので、わかりやすいところから決めていきましょう。**E「流動的」は、〈不安定、揺れ動くさま〉という意味なので、「曖昧」に近く、**対比**が作れないし、「厳密に」という直後の語とのつながりも不自然になります。

**梅POINT** 対比的な文脈での空欄補充では、より対比が明確になるものを入れるべし。

つぎに空欄(4)。これも「明示的」と並列されています。同じ意味の語か、あるいは反対の意味の語か、一般的には前者のほうが多いですが、選択肢を見て判断しましょう。「明示的」というのは、その字の通り、〈明確に示されていること〉。**B**「固定的」が少し近い意味になりそうですが、さっき使いました。するとほかに類似した意味の語はありません。では反対の意味の語はどうでしょう。**C**「潜在的」は〈外側にはっきり現れてこないこと〉をいいますから、これが「明示的」と反対の意味になります。なので**Cが正解**。**E**「流動的」は、「明示的」という語と同じ意味でもなく、反対の関係も作れません。

空欄(6)は直前の「否応《いやおう》なく(＝よいといおうが悪いといおうが、とにかく)」という語句とのつながりで、**A**「**強制的**」**がよい**でしょう。**D**「急進的」は、〈目的などを急いで実現しようとすること〉です。これは「国家」の側のやりかたを説明する語としてはよさそうな気がしますが、やはり「否応なく」という語の力ずくの感じを表せるのは、「強制的」のほうです。それに(6)は「排除された」にもかかるので、「急進的に排除された」というのと、「強制的に排除された」というのとでは、後者のほうが日本語としても自然です。

**梅POINT** 空欄補充問題では、直前直後の語とのつながりを大事にして、スムーズな文脈を作るべし。

**解答** (1) F　(2) B　(4) C　(6) A

## 〈問三〉 傍線部の理由説明問題

ここで理由説明問題について少しお話しします。**理由**って何？　って聞かれるとなかなかむずかしいですが、たとえば「3は奇数だ」、なぜ？　と聞かれたら、「3は2で割りきれないから」と答えて正解。このとき、理由となっている「2で割りきれない」は「3」の性質です。そして「3」は主語でもあります。ここから、

**梅POINT** 理由とは、主語のもつ性質や性格の中に探るべし。

という原則が導かれます。ただし**ここでいう〈主語〉は、形の上で主語になっているものだけでなく、傍線部の内**

**容を変えずに、主語になれるものも含みます**。たとえば「AはBに負けた」の主語はAですが、「BはAに勝った」とすればBが主語になりますから、Bの性質なども考えなければなりません。

そして「2で割りきれない」という理由は「奇数」の定義でもあります。「奇数」は文の中の述語です。すると、

**梅POINT 理由とは、傍線部の述部（や問いかけ）と関連するものであると心得よ。**

ということになります。

これらのことをふまえて、傍線部(3)を見てみましょう。傍線部の主語は「共通の言語や共通の祖先などの神話」です。としたらそれらがどのような性質をもつと問題文に書かれているか、確認しましょう。*L* **8**に「共通の言語……神話……などの、帰属意識を作りだす装置」と書かれています。つぎのことは「**現代文のお約束**」p.12下段にも書いてありますが、

**梅POINT 傍線部と同じ表現・語句があるところは、解法の手がかりとなるからつなぐべし。**

また傍線部のように「境界」を「画定」するのは「『われわれ』の範囲」を作り出すことだ、というのは傍線部直前からわかりますね。「われわれ」とは*L* **2**に書かれているように、「これまで一度も会ったこともなく、何ら共通した接点を持ちえなかった人々」です。そうした見知らぬ他人同士が、ある日突然同じ「ネーション」だといわれるのです。このままでは集団（=*L* **14**「近代国家」）として成り立たないので、そこで「神話」の「帰属意識を作りだす装置」という性質が、大きな意味をもつようになったのです。すると〈一度も会ったこともないような人々（=「われわれ」）の（国家への）帰属意識を作り出そうとしたから〉というのが正解の内容になるはずです。なのでこの内容と合致する**Eが正解**。「統一的なものを持たない人々」とは「われわれ」のことです。

Aのように、たんに「互い」の「理解」のためという説明では、「帰属意識」のことに触れていません。Bの

「維持運営」の「方向性を、人々が共有していなかった」という内容は問題文に書いてません。ナシ。Cはまったく逆で、近代国家にとって、「言語」などに「アイデンティティを感じる」ことは「重要」です。Dは、「時間がかかったから」という内容が問題文にありませんし、「時間がかかったから」「神話が創りだされた」とつなげてみるとわかるように、まったく意味が通じず、理由になっていません。**理由とは、あることがらが生じる原因のことであり、原因と結果とのあいだには、論理的なつながりがなければなりません。そしてそのつながりは誰が読んでも適切だと判断できるものでなければいけません。このことは理由説明問題の選択肢を選ぶときの基準としてとても大切なことです。**その点、正解のEはつぎのように、解答末尾と傍線部の述部とが論理的に結びつきます。

〈帰属の意識を持たせる必要があった〉
↓〈だから〉
そうした働きをする「神話」が創りだされた

**梅 POINT** 理由説明問題では、「……から」が傍線部（の述部）にスムーズにつながるものを選ぶべし。

解答 E

### 〔問四〕 筆者の表現意図を問う問題

筆者の表現意図を問う設問はなかなかむずかしいです。ふつうはそんな意図、説明してくれていないからです。この設問のように、筆者が特別の意味を込めているカギカッコの意味はよく問題になりますが、独断でその意味を判断してしまうことがあります。そうならないためにはどうすればいいか？　筆者がカギカッコを使っているのですから、問題文全体で筆者が述べていることに即し、ほかの部分も視野に入れて判断することです。この設問でいえば、「われわれ」について述べられていることがら全体と合致するものを選べばよいのです。

そこで筆者が、「われわれ」というものをどう見ているのか、確認していきましょう。まず〔問三〕でも確認したように、「われわれ」とは一度も会ったことがないのに、共通の神話などでひとくくりにされた「想像」の範囲の人々でした（L4）。

また、「『われわれ』の範囲を暴力的に画定したのが近代国家です」（L14）という説明もあります。

そのほかにも「われわれ」という語が出てくるところを追っていくと、「『われわれ』と他者とを分離し続ける」（L27）、「どの範囲までを『われわれ』にするのかは、かなりの程度恣意的あるいは偶然であった」（L30）、「『われわれ』と他者の差異を国境によって画定するようになり」（L39）、などがあります。

これらをまとめると、筆者が「われわれ」というものを、**〈a　近代国家が強引に作りあげた、根拠のあやしい単位〉**だと思っていることがわかるでしょう。ふつう私たちは自分自身を含んで自然に「われわれ・わたしたち」とかいいます。そのときに〈あやしいもの〉というような意味は入ってないです。すると筆者が「『われわれ』」にカギカッコをつけたのは、**〈ふつうの意味とは違うということを示そうとしている〉**からだと考えられます。

なので**正解はC**です。Cの「人為的」という語は「『われわれ』の範囲を暴力的に画定した」（L14）という記述と対応しています。Aのように「多数」という「数」の問題ではありませんし、Bの「以前から多くの人々に共有された」というのはまったく×です。D チョイマヨ の「他者との差異を強調」しようとするのは、近代国家のすることです。もし設問が、〈近代国家〉が「われわれ」という概念を作った意図を問う問題であるならば、この要素は一つの解答になりうるでしょう。でもこの問題は筆者の意図を問うているのです。すべての選択肢は、「筆者は」という主語を補って読まれるべきです。筆者が「他者との差異を強調する」とは断定できません。この選択肢の「他者との差異を強調するため」という部分を、自分流に「『他者』との差異を強調する〈国家の意図を批判する〉ため」みたいに読んでもいけませんよ。こうした混乱が起きるので、筆者の表現意図を問う設問は、むずかしいのです。E「私という個人と区別するため」というのも問題文からは出てこない内容です。

ムズ 解答 C

## 〔問五〕 内容合致（趣旨判定）問題

**梅 POINT　内容合致問題は、選択肢の悪いところを見つける消去法を用いるべし。**

一つずつ丁寧に問題文と照らし合わせてください。

まず**ア**。L4に「昔に遡って」いくと「帝国といわれる国家が存在した」とあるので、「近代以前にも国家はあった」。だけど、「われわれ」という概念を作り、他者との違いをきわだたせようとしたのは、〔問四〕でも確認したように、「近代になってからの国家」です。よって「近代国家」はかつての国家とは「意味が異なる」といえます。**ア**は**A**です。

**イ**は、「共通の言語を持っていた」という表現が×。傍線部(3)で確認できるように、「共通の言語」は標準語のように、近代国家が「創り」出したもので、前からあったものではありません。よって**B**。

**ウ**は、「いったんそれ（＝境界）を画定すると変更できなくなる」というのが、「境界は、その後の内戦や戦争などによってしばしば変更されてきました」（L37）と矛盾します。×です。これも**B**。

**エ** チョイマヨ の前半は正しいですが、「国民という概念」が「常に流動化の危険にさらされている」とは問題文に書かれてませんし、「ネーション」は「想像であるがゆえに……柔軟に変化し、権力は維持され強化されてきた」（L22）や、「ネーションの柔軟性」を説明しているL24・25の記述に反するともいえます。「想像」だからこそ、そのときそのときで、どうにでも解釈が可能で、したたかに生き延びてこられたのです。「想像」であり、「流動」的であることは、近代国家にとって「危険」を生み出すマイナス要因ではなく、プラスに働いていたのです。よってこれも**B**です。

**オ**は「ひとこと要約」に書いたことと同じです。グローバリゼーションは、世界を一つにすることであり、ナショナルなものを衰退させると考える人がいるけど、それは誤解で、境界を越えるということが成り立つのはそこに越えられる境界＝近代国家の作った境界があるからだ（L45）、ということを忘れてはいけません。**オ**は問題文最後の一文とも対応していて、花マル**A**です。

**解答**　ア A　イ B　ウ B　ムズ エ B　オ A

# 2 評論

## 『〈死〉の臨床学　超高齢社会における「生と死」』

立教大学

別冊（問題） p.8

## 解答

| 設問 | 解答 | 配点 |
|---|---|---|
| (A) | (イ) 放逐　(ロ) 培 | 2点×2 |
| (B) | 2 | 4点 |
| (C) | a 5　b 1 | 2点×2 |
| (D) | イ 遺伝子の戦　ロ 経験の記憶 | 3点×2 |
| (E) | 4 | 4点 |
| (F) | 個人が二次的に獲得した豊かな後天的機能と特質のすべては一瞬で無に帰してしまう | 6点 |
| (G) | イ 1　ロ 2　ハ 1　ニ 2 | 3点×4 |

## 問題文ナビ

ムズ (G)ハ

合格点 30点

／40点

### 語句ごくごっくん

L1 個体…独立して存在する物や生物

L2 概念…ことばで表された、ものごとについての一般的な考え

L4 普遍的…どこでも誰にでも通用するさま

L8 簒奪《さんだつ》…臣下や下位の者が君主や王の位を奪いとること

L18 保続…現状が保たれて長続きすること

L33 悖《もと》る…道理に反する

L35 タブー…禁忌

L35 コミュニティ…↓p.14 語句「コミュニティ」参照

L35 脆弱《ぜいじゃく》…脆《もろ》くて弱いこと

L56 口承…代々口伝えで伝えること

L57 媒体…仲立ちするもの。メディア

L57 要諦《ようたい》…最も大事な点。〈ようてい〉とも読む

L58 **二次的**…あることに付随する（＝くっついている）さま。メインではないさま

**読解のポイント**

○生物は自分の存在を長続きさせるために、自らの遺伝子を残そうとする

↓

○そのために遺伝子は有性生殖という戦略を選んだ

⇔

◎人間は自らの死を自覚し、すべて人間が遺伝子の戦略に従っているという考えかたを否定する

↓

◎それは、人間は後天的に多様な能力や技量＝「文化」を得て、それを次世代に繋《つな》ごうとするからだ

問題文は「死」の話題が登場する第七段落（L42）で、話題が変わるとともに、一般的な「遺伝子」説から、筆者の考える人間のつながりのありかたが論じられていき、**対比**的な構造を示します。そこで問題文を二つに分けて見ていきましょう。

## I　人間は遺伝子の運び手（冒頭～L41）

単細胞生物のように「個体という概念が十分には当てはまらないもの」もありますが、多くの動物は、独立した存在＝「個体」として生まれ、死にます。もちろん動物としての「ヒト」も同じです。死は「普遍的」なのものとして「生命体」（L4）に訪れるといってよいでしょう。ですが、「現在の進化理論」では、「個体という概念の持つ重み」（傍線部(1)）が軽くなっていると筆者はいいます。その例として筆者はライオンをあげています。新しいボスになったライオンのオスは、自分の子供ではない子供を殺すというのです。子育て中のメスは発情せず、自分の子孫を残せないからです。

そんなことをライオンキングが一頭一頭考えているはずはない。そこでドーキンスはヴァイスマンの「生殖質」（L16）と同じように、「個体は、遺伝子を受け継がせる運び手」であり、遺伝子こそが「主役」だと考えました。ライオンがもつ遺伝子にそうした戦略が「プログラム」（L20）化されていて、自分の子孫を残すことだけを考える。ライオンが個体である子供を殺すのも、自分の子孫を残すことだけが大事だからです。筆者が「個体」が「軽くなっ

ている」といっていたのも、「個体」ではなく「遺伝子」が「主役」だからです。遺伝子自体が、自分だけが残ればいいと考えているとすれば、たしかに「利己的」（L23）ともいえます。

ですが、そうした遺伝子の「『利己的』な戦略」が「生命体の基本原理」（L24）だとすると、疑問が生じます。オスとメスによる子作り（＝「有性生殖」）は遺伝子を双方からもらいます。自分の遺伝子だけが大事なら、ほかの遺伝子も残す戦略はおかしい。それなら「母体と全く同じゲノム（遺伝子のセット）」をもつ子孫を作り出せる「クローニング」のほうを選択するべきだといえるでしょう。なのに「有性生殖」を選ぶのは、「同じ遺伝子型を長く保続すること」は、どうやら「有利な戦略とは言えない」（L37）らしいからなのです。同じ遺伝子を長く受け継ぐことが、「弱さ」（L40）をもたらす。人間が近親結婚を「タブー」とするのも、大脳が判断したから生まれた「風習」（L36）かもしれないと筆者は述べています。そして動物一般で考えれば、「有性生殖」を選ぶということが遺伝子の戦略にあると考えられる、と筆者はいうのです。

## Ⅱ 死の自覚と文化の継承（L42〜ラスト）

問題文の最初には、生命体にとって「死」は普遍的だと書かれていました。ですが自分は「死すべき」ものだと「自覚」（L42）できるのは、意識をもち思考を行う人間だけでしょう。だからドーキンスの「利己的遺伝子」説には、「反発」や「無理解に基づく否定的な意見」も多かった。たしかにそういう意見をもった人たちはドーキンスの理論をきちんと理解していなかったかもしれない。でもそれだけではなく、人間は自分の死を、前世代や子孫との「決定的な不連続」いわば断絶として考える。それは自分の「体質」だけではなく、「意識」、「感覚」などが受け継がれないと思うからだと筆者は考えます。たしかに、ドーキンスのいうように、「遺伝子」だけは生き延びるといわれても、個体としての自分の感性とかは、自分と一緒にこの世からなくなる、と思うのが自然かもしれません。だから「遺伝子」だけが残っても意味がない、とドーキンスに反発する。

人間がそう考えるのは、自分は遺伝子のもたらしたものにプラスして、「後天的」にさまざまな「機能と特質」や技量をゲットしたと思うからだと筆者は述べています。でもそれを死は、一瞬で「無にしてしまう」(L55)。だから自分は死ぬ存在だと自覚できる人間は、自分が自分の人生に「二次的」(L58)につけ加えた「熟練」したワザなどの大事なポイント(=「要諦」)を後継世代に伝えようとしてきたのです。

こうした死による断絶を乗り越えようとして、生み出され伝えられたものの「総体」を、私たちは「文化」(L61)と呼んでいるのです。自分は死ぬという意識が「文化」を創り出した。人間だけが「死」を自覚する。だから人間だけが「文化を持つ動物」になった、と筆者は結論づけています。

### テーマ 文化

文化とは、一般的にいえば、人間が社会の構成員として、身につける共通の振る舞いや慣習のことです。文明が世界全体に伝わっていく技術などを指すことが多いのに対し、文化は年齢や地域、血縁という、文明よりも狭い範囲にある固有のものとされます。集団や組織の構成員となるということは、その文化を身につけることです。また、そうした文化を身につけなければ、その集団にいられない、ということにもなります。それぞれの文化に優劣はなく、多様な文化を認めようという**文化相対主義**は、個別の文化の独自の価値を認めます。また**多文化主義**もそれぞれの文化の価値を認めます。ですが、**文化相対主義**では、自分たちの文化の価値をほかの文化より高いものだと考える、**自文化中心主義**におちいりやすく、また**多文化主義**も自分の国家や社会の中の文化の多様性を認めるだけで、国外の文化をきちんと認めるというわけでもない。文化は基本的にはよいものとされますが、自文化以外を否定する可能性をもつこともあります。

### ひとこと要約

人間は遺伝子だけではなく、死を自覚し文化を受け渡す動物だ。

### 200字要約

満点30点

[a]個体は遺伝子を受け継がせる運び手にすぎないという考えかたがある。[b]有性生殖を選んだのも、同じ遺伝子型を長く保持することの脆弱性を知る遺伝子の戦略だともいえる。[c]だが人間は自らが死すべきものだと自覚しており、[d]後天的に生み出された機能や特質が死によって無化されると考える。[e]それゆえそうした二次的な生産物である文化を後継世代に継承しようとする。こうして人間は

遺伝子だけでなく、文化をもつ動物になったのである。（199字）

＊aは、「遺伝子こそが主役だ」も可。
＊bは、「有性生殖」が「遺伝子の戦略だ」という内容があれば可。
＊cは、「人間による死の自覚」という内容があれば可。
＊dは、「機能／特質／技量」などの一つがあれば可。
＊eは、「二次的な生産物」など「文化」の説明が必須。
＊e・fは、「（人間は）二次的な生産物である文化を継承する動物だ」などとつなげて書いていても可。

a・c・d・e…5点／b…4点／f…6点

## 設問ナビ

**(A) 漢字問題（書き取り）**

(イ)の「逐」を〈なしとげる〉という意味の「遂」と書き間違えないように。また(ロ)のような訓読みの漢字はピンと頭に浮かばないことがよくあるので、常に漢字は、訓読みも一緒に覚えましょう。

**解答** (イ) 放逐　(ロ) 培

**(B) 傍線部の内容説明問題**

「個体という概念」が「軽くなっている」という傍線部(1)の内容の**例**として、「ライオンの子殺し」があげられていました。新しいライオンのボスは自分の子供ではない子供（＝「個体」）を殺してしまいます。その理由として考えられるのは、子供がいると繁殖の機会が失われ、自分の子孫を残せない、ということでした。でもライオンの一頭一頭がそんな「計算」をしているなんて考えられない。そこでその「ライオンの子殺し行動」（L21）を、ドーキンスのいうように、遺伝子が自分を残そうとする「戦略」なのだと考えると「理解できる」（L22）。だから、前のボスライオンの子供＝個体は簡単に殺されてしまう。すると、「個体という概念の持つ重み」が「軽くなって」しまったというのは、今日では、**遺伝子の戦略のほうが重視される（a）**ということと同じです。

よってaの内容が解答になります。それはどの選択肢でしょうか？　これはちょっと意地悪ですが、明確に遺伝子と書かずに、「もっと重要視される他の概念が存在する」という、ぼかしたいいかたになっている**2が正解**です。**正解の選択肢は本文の表現をあまり使わなかったり、**

**イイカエたりするので、こうした選択肢を見抜くことも大事です。**「必ず死を迎える」は第一段落の内容ですし、『利己的遺伝子』という概念」という表現が*L*43にあるので、「概念」という表現もOK。

また今やったように、傍線部につながるライオンの**例**の内容を考え、「ライオンの子殺し行動」という表現が登場する*L*22までの文脈を読み取り、解答することも大切です。

**梅 POINT** 傍線部の説明問題は傍線部だけでなく文の構造や文脈をつかむことを心がけよ。

**1** チョイマヨは、「必要性がなくなりつつある」というだけでは、ほとんど傍線部を表面的になぞっているにすぎず、「軽くなっている」ということの中身の説明が不十分です。また**3**は後半部が問題文に書かれていないことです。**4**も**1**と同じで、「軽くなっている」ということの中身を説明していません。また「いくつかの」という表現も、ライオンの例だけをあげている問題文と一致しません。**5**は前半の内容が問題文にナシです。

解答 **2**

## (C) 空欄補充問題

空欄 a は、① ライオンが「計算」して行動しているとは「考え難」(*L*14)かったライオンの子殺し行動が、ドーキンスの考えによって「理解できる」ようになること、② 「 a 的に」という語句は、「理解できる」にかかること。この2点が a の前後のつながりから導き出せる手がかりです。この手がかりに合う選択肢は、**5**「合理」です。ドーキンスの考えは、ライオンが自分で計算しているという理屈に合わない答えではなく、遺伝子ということを示して理解しやすくしてくれたのですから、論理や理屈に基づいたものだったはずで①と合致します。「理解」はものごとの「理」がわかることですから、「合理的(＝理屈や理論に合致するさま)」とよくマッチし②と合致します。**1**「例外」、**2**「物語」は①・②と合致しません。**3**「感情」も、筆者が「感情」で理解したといえる根拠がありません。**4**「利己」も①・②と合いません。

「 b と思われる問題」とは、空欄 b の前を見ると、「遺伝子の『利己的』な戦略が、生命体の基本原理」であるという仮定から「生じ」るものです。なおかつ b 直後の「それ」という指示語が「 b と思われる問題」を受けていると考えられます。すると「［b］と思われる問題」は「性の分岐による生殖」と関係します。よって「［b］と思われる問題」は、**〈遺伝子の利己的な戦略と性の分岐による生殖つまり有性生殖と関連する問題〉**です。有性生殖は「父方と母方の異型の遺伝子が混じり合うこと」(L25)です。筆者は、自分の遺伝子を保続させることが遺伝子の至上命令ならば、「この現象」(L26)つまり「有性生殖」は、遺伝子の至上命令に反するのではないかと述べています。自分の遺伝子を保続させることが至上命令だということと、［b］の前の「遺伝子の『利己的』な戦略」とは同じことですね。すると筆者が「問題」だといっていることは、つぎのようにまとめることができます。

**〈①性の分岐による生殖＝有性生殖＝この現象(L26)〉は〈②遺伝子の利己的な戦略＝自分の遺伝子を保続させること〉に〈反する〉**

つまり、ここで生じている「問題」は、①と②が〈反する〉という「問題」です。よって「反する」に最も近い意味の**1「矛盾」が正解**。2 チョイマヨ「困難」では「反する」に合わず、［b］のあとの文脈につながりにくいです。それにこの「問題」は「遺伝子の戦略のなかに組み込まれていると考えるのが自然だろう」(L40)という結論で解決されるので、それほど「困難」ともいえません。また突然「困難」といわれても、何が「困難」なのかわからず、日本語として不自然です。

**梅POINT　空欄補充問題は原文の復元である。問題文のほかの箇所と矛盾を生じさせたり、不自然な日本語となったりするものは避けるべし。**

3はあまりにキレすぎます。「無駄」なら、初めから「問題」にならないでしょ。4「極端」、5「偶然」も入れる根拠がありません。

**解答**　a 5　b 1

## (D) 抜き出し問題

設問文で、傍線部(2)に書かれた結婚のありかたを「風習」といっています。空欄［ロ］の直後にも「そのような風習が生まれた」と書かれているので、［ロ］にはこのような

「風習」がどのようなものであるか、またはそれが生じた理由が入ると考えられます。それもご親切にちょうど十六字という設問条件があるので、それに合わせて考えていきましょう。

**梅 POINT　抜き出し問題では、設問文にヒントや手がかりがあると心得よ。**

そして傍線部のような「風習」について述べているのは、傍線部を含む段落以外にありません。しかも傍線部のあとの一文しか人間の場合について説明した部分はない。そして設問の文章の中にある「生まれた」という表現が傍線部のあとの一文にある、「経験の……判断した結果生まれた」という箇所です。ですがこの部分は十六字ちょうどでは抜き出せません。

でもあきらめない。そのあとは動物一般の話になりますが、その中に「そうした経験の記憶・記録による判断の結果」という表現があります。これは表現を見ると、右で見た「経験の……結果」という内容を受けていて、人間の場合に当てはまることです。そうした内容を、〈動物の場合は人間と同じようには考えられないよね〉という**対比**的な文脈の中で書かれているのです。この部分がちょうど十六字なので、ここの「五字」、先に**ロ**（＝人間のほう）が決まりますが、「**経験の記憶**」が**ロの正解**です。

つぎに動物に関する空欄**イ**を考えてみましょう。**イ**は動物が有性生殖を行うことについて説明した部分ですが、**イ**のあとには、「いる」という語がついていて、これにうまくつながる形で抜き出さなければいけません。傍線部の前にも、動物と有性生殖の関係について説明した部分はありますが、うまく「いる」につながり、字数条件を満たす部分はありません。それに対して傍線部を含む段落の最後の部分に動物に関して「有性生殖を行うという選択が、やはり遺伝子の戦略のなかに組み込まれていると考えるのが自然だろう」という部分があります。この部分から「いる」につながるように、「遺伝子の戦略のなかに組み込まれて」という抜き出しかたをすると、ちょうど十六字になります。よってここの「**遺伝子の戦**」**がイの正解。**

**解答**　**イ　遺伝子の戦　ロ　経験の記憶**

### (E) 傍線部の内容説明問題

傍線部(3)はどのような意味か、をまず考えましょう。「決定的な不連続」という表現がむずかしいですが、「決定的」は〈どうにもできないさま〉だし、「不連続」は、つながっていない、だから断ち切られている＝〈断絶〉と考えれば、傍線部は〈人間は自分の死をどうしようもない断絶と考えやすい〉というような意味だとわかるでしょう。そして傍線部の前後の内容をふまえて、傍線部の内容をより明確にしたいところですが、選択肢を見ると、ただ傍線部の表現を表面的になぞったレベルのものばかりなので、ひざカックンです。それでも、

**梅POINT** **「どういうこと（意味）か」と問う傍線部の内容説明問題では、傍線部と、内容・表現がきちんと対応している直訳的なものを選ぶべし。**

という大事なルールに従い、**4を正解**にします。4の「疑問を持つことなく当然のように受け入れている」というのは、傍線部の「慣れている」や「抜き難い発想」(L48)、「早くからこのことに気付いていた」(L56)などをまとめた表現だと考えられます。

1は、前半は問題文と食い違うし、後半は問題文に書かれていません。2は、「異論を唱える余地が存在しない」が、傍線部の「解釈することに慣れている」の**イイカエ**になりません。3は、「乗り越え可能」が問題文と食い違い×だし、最後の部分が傍線部の表現の**イイカエ**にならない。5は、「忘れてはならない」、「何世代にもわたり語り継がれてきた」が問題文にナシ。　**解答 4**

### (F) 傍線部の内容説明問題（記述式）

記述問題は初めてなので、まず〈記述問題の基本〉についてお話しします。

**〈記述問題の基本〉**

**1　傍線部（および文脈）の意味と設問文を分析する**
**2　1から何を説明すべきかを決める**
**3　2に該当する本文の該当箇所を探す（ないときは自分のことばで説明する→ムズ）**

まず1について。傍線部のある記述問題は、まず傍線部の意味を考えましょう。ただし**傍線部は傍線部だけじゃなく、「文脈」の中にあり、そのつながりの中で意味**

**や内容を考えていかなくてはならない。つまり今までもやってきた〈つながりを見つける〉ということを意識して、傍線部の前後の内容も頭に入れながら、傍線部の意味を考えてください。**「だいたい、こういうことだな」ぐらいでいいです。そしてそのときには、

**a　傍線部自体の意味・難解語の解読↓語い力が必要**

**b　傍線部の前後とのつながりを指示語・接続語で確認**

という具体的な作業も意識しましょう。

それともう一つ、〈設問文〉。**そこに書かれている、たとえば「問題文中の具体例に即して」というような条件を見逃さないこと！**　とにかく**傍線部と設問文は〈神さま〉です。**絶対にその内容に従ってください。

つぎに**2**にいきます。**傍線部の中で説明しないといけないところ、設問文の条件、などをまとめて、書くべきこと（＝ポイント）を決めます。**

そして**3**。そのポイントに当たる内容は、どこに書かれているか、を問題文に探す。

**梅 POINT　傍線部中や傍線部の前後の表現と同じか類似の表現をチェックして、それらと同じ表現のある箇所をつなぐべし。**

そうすると、傍線部の**イイカエ**・説明が見つかることがあります。（ないときは自分のことばで書く↓ムズ）

つぎに記述問題の少し細かなルールを記します。

① 本文のことばを使うのが基本。本文の表現が使えないとき（②参照）と、字数短縮のときだけ**イイカエ**る。

② 本文中の比喩や特殊な意味を含む語は解答に極力使わない。（慣用化されている比喩やポピュラーな評論用語は可。）

③ 傍線部の表現は基本的に使わない。使わざるをえないときは説明して使う。

④ 主語を決めると、その主語に合うところを使う箇所としてピックアップしやすくなる。

⑤ 使うべき本文箇所を、主・目・述をメインに単純化し、ほかの箇所と並列的につなぐ。書くべき要素

の順序を考える。その際主述の対応がズレないこと。

⑥　同内容の繰り返しをなくす。

私立大学の記述問題はふえてきていますが、そんなにむずかしいものはありません。**抜き出しの延長だ**、ぐらいに考えてドンドンやりましょう。

では先の**〈記述問題の基本〉**に即して考えていきます。最初は傍線部の分析です。傍線部(4)は「文化」と「死」の関係について書かれています。まず「文化」とは、傍線部直前の「二次的な生産物の総体」を指し、これは「後天的な様々な機能と特質」(L51)や「一人の人間の熟練や機能」(L57)、などを含んでいます。そして人間は自らが死すべきものであるという自覚をもち、死によって一瞬に消え去ってしまう後天的な特質などを「文化」として残そうとしました。つまり人間は死ぬことを自覚するがゆえに「文化」というものを生み出したのであり、それを説明しているのが傍線部です。このことは、「死を知ることによって……文化を生み出す」(L62)という記述からもわかりますね。

このことをふまえて、**つぎに設問文を見ます**。設問文に書かれている空欄を含む文章を読んでみましょう。空欄の前から、空欄に入るのは「個人の『死』によって」なんらかの影響を受けるものだということがわかります。また空欄のあとの「それら」は、このままでは受けるものがないので、空欄には「後の世代に継承する」ものである「それら」に該当するものが入ると考えられます。

ここで「『死』によって」や「後の世代に継承する」という部分と**つながる部分を問題文に探す**のでしたね。「後の世代に継承する」ものは、「後継世代に繋いでいこう」(L59)というほぼ同じ表現がある箇所から、**「二次的に獲得された一切」(a)**＝「文化」のことです。そしてそれらは「『死』によって」**「一瞬のうちに無に」(L55)なってしまう(b)**ものでした。

基本的には**a・b**の要素だけでよいのですが、字数的に少し足りないので、「二次的に獲得された一切」の「一切」の中身を、先に引用した「一人の人間の熟練や機能」や「後天的な様々な機能と特質」などを使って説明しましょう。すると解答例は以下のようになります。

**解答例**　[a]**個人が二次的に獲得した豊かな後天的機能と特質のすべては**[b]**一瞬で無に帰してしまう**（38字）

**採点のポイント**

a　個人／人間が二次的に獲得した豊かな後天的機能と特質のすべては…4点

＊「個人／人間」で1点。「二次的／後天的」で1点。「機能／特質／技量／力量／熟練」で1点。「すべて／一切」で1点。

b　一瞬で無に帰してしまう…2点

＊日本語として自然ならばb→aの順でも可。

## (G) 内容合致（趣旨判定）問題

**イ**…第一段落の「その意味で」のあとに書かれた内容を最初にもってきて、「その意味で」の「その」が指している内容を後半部に書き、順序を逆にしていますが、第一段落の内容に対応しています。なので**イは1**。

**ロ**…「ドーキンスが」、「文学として表現するため」が×。たしかに「やや文学的表現ながら」(L22)と書かれていますが、これは筆者のコメントであり、「ドーキンスが」、「文学として表現」しようとしたということは、問題文には書かれていません。なので**ロは2**。

**ハ**…「遺伝子の『利己的』な戦略」についての説は、空欄[a]の前の部分に書かれたことと、内容も表現も一致しています。「個体の生死にかかわらず」という部分は、問題文には直接書かれていませんが、「個体」は「運び手」でしかないわけですから、「個体」が死んでしまっても、すでに遺伝子が受け継がれていればよいわけで、「個体の生死」は遺伝子にとっては問題にならないのです。そうした意味で「個体の生死にかかわらず」といっても、問題文の内容と食い違うわけではないので、**ハは1**とすべきです。

**ニ**…L51に「遺伝子の発現結果に加えて、極めて豊かな、その個人に特有の資質に基づく後天的な様々な機能と特質を獲得する」とあり、その「特質」などによって「社会」の「発展」(L54)は得られるものです。それに対し、ニは「利己的遺伝子を十分に発現させることにより」というように、「個人」の特質などが社会の発展に貢献してきたことに触れず、まるで遺伝子だけの働きで「人間社会の発展」がなされるかのように説明しているところが、問題文と一致しません。なので**ニは2**です。

**解答**　イ 1　ロ 2　ムズ ハ 1　ニ 2

3
評論
# 「『幽霊』のこと—見えないものとの闘い」
青山学院大学（改）

別冊（問題） p.18

## 解答

| 問一 | 問二 | 問三 | 問四 | 問五 | 問六 | 問七 | 問八 |
|---|---|---|---|---|---|---|---|
| ④ | ③ | ③ | ① | ⑤ | B ② C ③ | ① | ③ |
| 3点 | 3点 | 3点 | 6点 | 6点 | 3点×2 | 7点 | 6点 |

ムズ 問一、問二、問三、問八

合格点 27点

/40点

## 問題文ナビ

### 語句ごくごっくん

L6 **軌跡**…ある人の行いや考えかたの跡

L8 **自然主義リアリズム**…この場合は、文学で、醜いもの・悪などを避けず、現実をただあるがままに写しとろうとする立場。「リアリズム」＝写実主義

L10 **戯曲**…劇文学

L11 **倫理**…人の生きるべきありかた≒道徳

L21 **憂《う》き目**…つらいこと

L24 **風紀**…日常の社会生活の秩序を保つ上で必要な規律

L26 **史実**…歴史的な事実

L26 **貞節**…女性が男女間の関係において清く正しくあること

L26 **主題**…テーマ

L30 **憂れうる**…心配する

L33 **コミュニティー**…↓p.14 語句「コミュニティ」参照

## 読解のポイント

○イプセンは、既成の社会の価値観＝「幽霊」そのものと闘った作家である

⇔

●価値観の揺れ動く現代にも、過去の価値観を復活させようとする傾向が見られる

↓

〈筆者の主張〉現代にもイプセンのような、既成の価値観と闘う芸術家が必要かもしれない

問題文はイプセンについて語ったあと、*L*21で「この戯曲『幽霊』は」と前までの段落の内容を受けながら、明治の日本の話に転換していきます。そしてそれ以降、日本社会の問題に焦点を絞っていきます。なので*L*20と*L*21とのあいだに意味のブロックの切れ目があると考えられます。その区分けに従って問題文を見ていきましょう。

## I 「幽霊」の正体（冒頭〜*L*20）

**テーマ 近代芸術**

最初に〈**近代芸術**〉の話をします。近代は理性が尊ばれる時代です。でも人間は理性だけでは生きていません。心の中にはドロドロした、人には見せられない部分もあります。それを理性に反しているという意味で〈非合理〉と呼ぶなら、〈非合理〉は理性でフタをされたままでは、どこかで爆発してしまいます。そうした〈非合理〉の部分を大切にし表現する人が芸術家です。理性vs〈非合理〉というバトルです。そういう芸術家を理性で抑え込むこともできます。でも近代社会は、芸術家の作品を見たり聞いたりしてふつうの人々の中にある〈非合理〉が発散されるなら、そのほうが社会にとって安全だと考えました。つまり芸術は、みんなの気持ちをスッキリさせる役割をするのです。芸術家は社会に反抗しますが、それがほんとうに過激になったりしないかぎり、近代社会は〈理性的に〉芸術を扱うことにしたのです。問題文とは違う考えかたですが、芸術の反抗も、近代社会の秩序維持に役立っていたといえるのです。

それはさておき、芸術家は「その時代の社会道徳やもの考え方と激しく衝突」（*L*2）します。そうした作品ほど、あとあと評価されることが多い。

イプセンというノルウェーの劇作家がいます。女性の

自立を描いた『人形の家』が有名です。イプセンは現実をありのままに描く「近代自然主義リアリズム」を確立したといわれますが、主人公のいうセリフには、「既成道徳」＝お決まりの道徳、を告発する内容が見られます。

その一つとして『幽霊』という作品の中では、主人公アルヴィング夫人がイプセンの考えかたを述べるような形で、既成の価値観などを「幽霊」に喩《たと》え、自分たちには「幽霊」がとりついていると訴えます。そして「自由」がほしいと。それはイプセンの生きた時代においては、社会やキリスト教に対する痛烈な反抗だったのです。

## Ⅱ イプセンの必要性（*L* 21～ラスト）

だから『幽霊』が発表されたときには、上演禁止になりました。イプセンが「既成の社会制度を支える価値観＝『幽霊』」と闘っていた頃、日本は明治維新の初期でした。そして一八七二（明治五）年に、日本政府は舞台芸術全般の思想的風紀的弾圧に根拠を与えるような通達を出しています。卑猥《ひわい》なもの、残酷なものは×。俳優、芸人を教部省（＝宗教関係を所轄する官庁）で監督する、忠孝（＝家臣の忠義・親孝行）とかを主題にすべき、というものです。イプセンの『幽霊』は、こうした通達に見られるような考えかたに、演劇で反撃した作品だといえるでしょう。

もちろん今の日本には、こうした通達はないし、政府が個人の精神生活を統制し、支配するような露骨な政策はありません。でも、「国を憂れうる」とかいう政治家が、たとえば「家族を大事にしろ」とかいったり、保守的な方向に「教育基本法」が見直されたりしているところを見ると、意外と「明治五年」の通達と違ってないのかもしれません。たしかに現代の日本社会は、時代の転換期です。そういうときにわけのわからない「行動」や「犯罪」が出現することはあるでしょう。おそらく右のような政治家の発言は、そういうことをきっかけとして出てくるんだと思います。でも新しい価値観を作ることができず、古い、既成の価値観にしがみつくのは、「幽霊」を招き寄せることです。右の政治家たちは、新しい価値観を作ることをなまけて、「幽霊」の出現を期待する人たちです。とするなら、「イプセン」のような芸術家が現れて、既成の価値観の打破＝「幽霊」退治、をしてくれないといけないのかもしれない、そんな時代になってきていると、自らも劇作家である筆者は自分に向けてもいっているのです。

## ひとこと要約

現代は既成の価値観を打破する芸術家が必要な時代になりつつある。

## 200字要約

満点30点

書かれた時点では認められないが、後世に強い影響力を与え続ける作品は、その時代の考えかたと対立するものが多い。イプセンの戯曲『幽霊』も、既成の社会の価値観である「幽霊」そのものと闘う作品であった。現代はイプセンの生きた時代や明治時代とは違い、個人を統制するような露骨な政策がとられているわけではないが、現代にも既成の価値観の復活を求める動きがある。こうした時代には第二のイプセンが必要なのかもしれない。(200字)

＊bは、「イプセンはその時代のものの考えかた(社会道徳)と衝突した作家だ」もOK。「幽霊」という喩えの中身を説明していないものは不可。

＊cは、たんに「現代は昔と違う」は2点。

＊fは、空欄Dの部分に該当する内容ならば可。

a・e…5点／b・f…6点／c・d…4点

## 設問ナビ

### 問一 指示語の問題

傍線部1の「その」には直接指しているものがありません。ただ傍線部の「その時点」が、あとの「後世」と対比され、なおかつ、傍線部を含む文の中の「その時代」と同じ「時」だということはわかりますね。「その時代」とは、その時代の社会道徳とかと「激しく衝突」する作品が書かれた「時代」ということです。これは「その時代」のあとで述べられていることからわかります。すると「その時点」も〈その作品が書かれたその時点〉という意味になります。ここまではいいですか。じゃあ、あとはことばの知識の問題ですが、④「当代」は〈何かがあった、誰かが存在したその時代、その世〉という意味のことばなので、**④が正解**。⑤の「歴代」は〈代々〉という意味。「歴代の総理大臣」とかいいますね。

**問二　空欄補充問題（知識問題）**　ムズ　解答　④

「手本」という意味になる「漢字」！　むずかしいですね。でもみんなの中で「手本」＝「規範」と覚えていた人、ナイスです。「規範」の「範」は、「模範」の「範」、〈範を示す〉＝お手本を示す、というふうにも使います。つまり「範」だけでも「手本」という意味があります。なので**正解は「範」で③**。　ムズ　解答　③

**問三　表現の問題**

またこれもレアな設問ですが、傍線部**2**は、直前の「描かれる人間」を〈それはたいてい主人公だけどね〉と説明している部分です。つまり補足的に説明するためにある部分です。「〜が」の「が」が逆接ではなく、ただ単純に後ろにつなげるために使われるときがあります。電話で「もしもし梅澤ですが、〜」の「が」が逆接だったら、「梅澤ではありません、ブチ」ってなっちゃいます。この「が」は逆接じゃなくて、ただ後ろへつなぐ「が」。傍線部の最後の「が」も同じ。するとこの部分は、補足説明をして、そのあとの「主人公」の話へとつないでいく軽い部分です。軽い説明として文中にはさみ込まれた部分を③「挿入句」といいますから、**③が正解**。④「常套句《じょうとうく》」というのは、〈いつも使う決まり文句〉のこと。　ムズ　解答　③

**問四　傍線部の内容説明問題**

**「傍線部……はどういうことか」という問題は、傍線部のイイカエを求めている問題です。傍線部と離れたところでも、傍線部やその付近にある語句が使われている部分は傍線部のイイカエとなることが多いので、そうしたつながりを見つけ、傍線部と結びつけて考えましょう。**

そして**p.33**の梅POINTでも同じようなことをいいましたが、**「どういうことか」という問題では、傍線部を忠実に直訳しているものを選びましょう。**この設問も、「幽霊」という語同士のつながりで、傍線部**3**を*L***22**の「既成の社会制度を支える価値観＝『幽霊』」という表現とつなげると、「幽霊」を問題文に即して**イイカエ**（＝訳し）ている**①が正解**だとすぐわかるでしょう。だから傍線部の**イイカエ**になっていないほかの選択肢は、どれもダメです。

ほかの選択肢のダメな理由はこれだけでいいのです。自分でまずこうした**イイカエ**を見つけて、それから選択肢を見ること。そうしないと、どれが**イイカエ**として適切な選択肢かもわからず、選択肢に振り回されてしまうから要注意です。

**解答** ①

**問五 傍線部の理由説明問題**

傍線部**4**の主語は傍線部直前の「戯曲『幽霊』」であることをまず確認しましょう。**理由は主語の性質の中にある**のですから。つまり主語である『幽霊』がどんな作品かを考えればよいのです。***L*11**にあるように、イプセンは「主人公の口や行動を借りて……既成道徳や宗教の倫理、当時の社会の不正や偽善を告発しようとした」のです。ですから作品自体がそうした社会告発の性格をもつ。これは社会を無難に維持していこうという支配者・政治家・権力者（こういう人々を体制側の存在といいます）にとってはジャマでしょう。たとえば『幽霊』の主人公「アルヴィング夫人」は「わたくしは自由が欲しいのです」と訴えます。これは女性の「貞節」(***L*26**)を「芸術」の「主題」として要求する「日本政府」と対立します。

日本でも上演禁止になったとは問題文に書かれてませんが、こうした理由で「世界中で上演禁止」になったんだろうと考えられます。すると正解は、『幽霊』が体制側にとって「危険な思想」を説くものと見なされたから、という内容の⑤です。

①は現代のことで、「上演禁止」になった時代のことではありませんし、傍線部の理由としても成り立ちません。②の「冷水を浴びせ」るというのは〈活力を失わせるような言動をする〉ことですから、まったく逆のことになります。③の「世界の風潮に倣おう（＝真似《まね》をしよう）とした」というのも、主語が「日本」という特定の国になり、傍線部とズレますし、問題文に書かれていることでもないです。④は、社会を批判する「アルヴィング夫人」のことばであり、体制側によって「上演禁止」にされる理由にはなりません。

**解答** ⑤

**問六 空欄補充問題（接続語）**

空欄**B**は直前で、現在の日本は個人を支配するような政策はとっていない、と述べています。ですが**B**の直後では、現代の政治家の発言は芸術を抑え込むような「明治五年」の「通達」と違わない、と述べています。つまり直前は〈現代は昔と違う〉、直後は〈現代が昔と同じだ〉といっているのです。逆ですね。だから**B**には〈逆接〉の接続語が入ればOK。それは②「**しかし**」です。

空欄**C**は、**C**を含む段落の冒頭に「もちろん」とかを入れて考えるとわかりやすいでしょう。〈もちろん時代の転換期には、ヘンなこともあるよ。でも昔の価値観に基づいた生きかたを目指すのが賢くて理屈に合うとは思えないね〉というふうに、**C**は〈現代にはヘンなことがある〉という内容と、〈昔に帰ればいいってもんじゃない〉という内容をつなぐところです。すると右に書いたように〈でも〉という、逆接のニュアンスがある接続語が適切です。それは③「**だからといって**」。〈そりゃ腹が立つだろう。だからといって殴っていいはずはないだろ〉というように使います。「だからといって」は〈だが・しかし〉と入れ替えてもOKな逆接的な働きをします。

**解答** B ②　C ③

**問七** **傍線部の内容説明問題**

**問四**で確認したように、「幽霊」とは〈既成の価値観〉のことです。現代は「時代の転換期」で、「理解不能な若者たちの行動や、未《いま》だ経験したことのない犯罪」（L37）などが出現します。そんなとき、誰もが不安を覚えます。そして一部の人々は、〈昔はこんなことはなかった、昔はしっかりした社会だった〉と考え、たとえば〈上の者に忠実に〉だとか〈親孝行〉だとか、つまり〈昔の価値観の回復を望みます。だから傍線部**5**は、〈昔の価値観をもう一度現代に取りもどすことを望む〉という意味です。問題文の「国を憂れうる」という「政治家」たちがその例です。

ところでこれも**問四**と同じ、「どういうことか」という設問です。傍線部に忠実な選択肢がいいのですから、傍線部の「幽霊」を「過去にあった価値観」と**イイカエ**、「出現を……期待する」ことを「再構築（＝もう一度築くこと）をはかろうとする」と説明している①**が正解**です。「再」と表現したのは、過去にあった価値観をもう一度「出現」させようとしているからです。

②「個人の信頼に基づいた新しい価値観」は、「既成」

の「価値観」ではありませんから、「幽霊」の**イイカエ**にはなりません。③チョイマヨの「政治家や教育者」が傍線部の主語で、彼らが「幽霊」を望んでいる、ということを説明する必要があるのですから、たんに彼らを非難するような内容の③は、筆者の考えに近くても、傍線部と対応してませんから、解答にはなりません。

**梅POINT** 迷ったときは選択肢ばかり見ていないで、傍線部や手がかりとした箇所にもどって考えるべし。

④は、傍線部の「期待」をもつ人たちがするかもしれないことです。でも問題文にはこんなふうに「追及」するとは書かれていません。それに傍線部の「幽霊」をきちんと**イイカエ**ていないので、内容説明問題の選択肢を選ぶ基準からすると、ブーとなります。⑤のようなことを行うのは「政治家」らではなく、逆にイプセンのような立場の人なので×です。

解答 ①

**問八 空欄補充問題**

空欄**D**を含む一文は前の傍線部**5**を含む文の内容を受けたものです。それは文脈を転換するような接続語がないからです。

**梅POINT** 接続語ナシにつながっている文同士は、イイカエ・説明の関係になっていることが多いと心得よ。

傍線部のような「期待」をもつ例が「国を憂れうる」「政治家」でした。すると、彼らが「幽霊（＝既成の価値観）」よ、もう一度っていっているぞ、という傍線部のような状況に対して、「われわれ（筆者を含む）」がどう反応するかを考え、**D**にその判断の内容を入れればいいのです。

こうした政治家らの言動に対して「怠慢」(L40)だとい い、昔の価値観を目標にするのは「賢明」(L39)とは思えないと述べる筆者は、当然のことながら彼らに批判的です。「幽霊」に刃向かったのが「イプセン」でした。だから筆者は「イプセン」を支持する立場にあるはずです。

**政治家 ⇔ 筆者≒イプセン**

すると「幽霊」を退治するために、「イプセン」のような人物が現代にも必要だと筆者は考えるはずです。正解は、そうした内容になっている③です。

①を**D**に入れると、「彼ら」は「『幽霊』の出現を声高に期待する人たち」＝政治家らを指すことになります。すると、「幽霊」に「期待」する「彼ら」が「幽霊を恐れる」人たちとイコールになります。これでは関係がグチャグチャですね（「彼ら」は人間を指しているので、「彼ら」＝「幽霊」ではありません）。それに「われわれ」＝筆者を含む側は「彼ら」と対立するのですから、「彼ら」に「同情」なんかしません。②は「イプセンが生きえない」とする根拠が問題文にはないので、正解にはできません。弾圧を受けた時代でも「イプセン」の作品は生き延びたのですから、目に見える抑圧のない「現在の日本」で「イプセン」が「生きえない」という理屈は成り立ちません。

④のように、「彼ら」＝「幽霊にとりつかれた（＝昔の価値観にこりかたまっている）人」を「笑う」だけでいいと筆者は思うか、と考えてみましょう。空欄**B**のあとには現代日本の風潮に対する不安が読み取れます。そもそも「笑う」だけなら野次馬《やじうま》、そばで見ているだけの傍観者です。自分が傍観者でいいなら、政治家たちを「怠慢」だと批判することもできないでしょう。なのでこれも正解だとする根拠をもたない選択肢です。⑤チョイマヨが少しややこしいです。「イプセン」は、社会がダメだから、批判したわけです。もし、よい社会なら「イプセン」は登場する必要がない。つまり「イプセン」が必要な時代はダメな時代であり、「イプセン」を必要とする時代であってはならない、とも考えられます。それと同じことを⑤がいっていると読むと⑤が正解に見えます。でも、たとえば「再び戦争を許してはならない」という表現は「戦争」を否定しているといえます。すると「再びイプセンの存在を許してはならない」といういいかたは、「イプセンの存在」を否定していることにもなり、「イプセン」を支持する筆者の立場と食い違うことになります。その点でやはり③のほうを正解にすべきです。

ムズ 解答 ③

# 「永遠のいのち」

立命館大学（改）

別冊（問題） p.26

## 解答

| | | | |
|---|---|---|---|
| 問1 | ② 官僚 | ④ 審美 | 2点×2 |
| 問2 | ① おうか | ③ いきがい | 2点×2 |
| 問3 | A 3 | B 1 | C 2 | 
| 問4 | 3・7（順不同） | | 完答8点 |
| 問5 | 生存と繁殖〜る強い傾向 | | 5点 |
| 問6 | 2 | | 4点 |
| 問7 | 5 | | 6点 |

（問3は3点×3）

ムズ 問1④、問3C、問5、問7

合格点 28点

／40点

## 問題文ナビ

### 語句ごくごっくん

L3 **概念**…→ p.25 語句「概念」参照

L4 **普遍的**…→ p.25 語句「普遍的」参照

L4 **あたかも**…まるで

L10 **ランドマーク**…①目印 ②記念碑

L20 **相関**…互いに影響し合う関係

L23 **発現**…現れ出ること

L28 **淘《とう》汰《た》**…要《い》らない物を除き去ること。不適当な者を排除すること

L31 **観念**…心や頭の中にあるイメージや考え。「観念する」というと、〈あきらめる〉という意味

L35 **組成**…複数の要素や成分をくみたてること。また、その要素・成分。物質のなりたちかた

L35 **ナルシスト**…うぬぼれ屋。ナルシズム…うぬぼれ。自己陶酔

L57 **自己同一性**…→ p.14 語句「アイデンティティ」参照

L58 **還元**…①もとにもどすこと ②本来別のものを同じものとして扱うこと≒単純化

## 読解のポイント

・脳は環境を永遠だと判断する

↓

・脳が生み出した文化の中で、ヒトは「永遠の生命」という概念をうちたてた

⇔

・だが、文化と同じく、人間の脳が生み出した科学が、「永遠の生命」という概念の根拠を壊す

⇔

・それでも人間は、脳に蓄積された文化的慣習や、感情によって絶望しないでいられる

問題文は、脳の話から、*L* **16**の「さて」という転換の接続語で、「文化」の話題に移ります。また*L* **31**からは「現代生物学」の話が登場します。そして最後の段落では、現代生物学が突きつける絶望の中でも、希望を失わない人間の姿が示されます。最後の二つのブロックはつなげてもよいですが、文章が長いので、四つに分けて見ていきましょう。科学論はよく出ます。がんばって解いていきましょう！

### Ⅰ「永遠の生」という概念の成り立ち①（冒頭〜*L* **15**）

筆者がこだわっているのは、「永遠の生」という概念が成り立つかどうか、です。筆者はまず、どうして「永遠の生」という概念ができたのかを探っていきます。

それは、私たちの脳がそう思わせるのです。脳は、「環境の変動がある一定の範囲にある」（＝環境が大きく変化しない）かぎり、有効に働いて、「環境の情報を収集し」たりして、人間の活動のために「再利用」します。筆者はそうした「脳が、環境を永遠だと判断する根拠はなんだろうか」（*L* **9**）と自ら疑問を発しています。

**梅POINT** **問題提起はチェックポイント。こうした疑問に対し、どういう答えを出しているかを読み取るべし。**

この問題提起に対する答えは、すぐ*L* **10**〜で示されます。一つは、「大きな自然物（＝山など）を見るとき」で、明日もこの山はあるだろうな、と脳は予測します。これ

は「無変化」（L11）という認識。

それから川。川には「水の流れ」があるので、昨日とは違う水が流れていきます。でも水が流れていく、というありかた自体は変化しない。これは、「定常状態（＝動きのある現象において、状態を決める物理量（たとえば水量）が、基本的には変わらない状態）」（L13）。

あと太陽や月の運行は「繰り返し」（L15）。

この三つ、「無変化」・「定常状態」・「繰り返し」の現象を見て、脳は「環境を永遠だ」と判断するのです。これが最初の問題提起に対する答えです。

## Ⅱ 「永遠の生」という概念の成り立ち②（L16〜L30）

でもこの文章はつぎからつぎへと問題提起をしてくれちゃいます。じゃあ「無変化」とかに気づいたら、「ヒト（カタカナ書きで生物の一種としての人間、という意味を示しているのだと思います）」は『永遠』という概念にすぐさま到達するのだろうか？」とL16で新たな〈問題提起〉がされます。またチェックです。でもすぐあとに答えを書いてくれてます。そうじゃないって。ヒトは家族とかペットとか「個別化された存在の消滅（＝一つしかないものの死）」を経験したときに、初めて終わりがあることを身をもって知り、逆に「永遠の命」があってほしいと望むことになるのです。

すると人間が「永遠の生命」を望むきっかけは二つ。

①変化しない自然物があることを脳が判断する

②生命に終わりがあることを身をもって知る

ところでヒトの脳のサイズは大きくて、それに関連することらしいですが、子供時代が長い。この長い子供時代に、「生存と繁殖に役立つさまざまな戦術を身につけていく」のだそうです。その「戦術」は人間の脳が考えた「文化」と呼べるでしょう。今、「文化」＝「戦術」といったのは、空欄Bを含む文と前の文とのあいだに接続語がないからです。接続語はことばをくっつける接着剤で、たとえば文と文とが内容的に切れていたり、つながらなかったりするときに使います。その接続語を文章を書くプロ＝筆者が使わないということは、文同士が切れていない・このまま接続語がなくてもつながる、つまり、p.44下段の梅POINTでいったように**接続語ナシにつながっている文同士は、イイカエ・説明の関係になっていることが多**

いからです。そして「文化」とは、「同種個体の存在（＝人間同士）」が影響する、後天的に「学習する行動・態度・習慣・信念のこと」（L22）、と定義されています。「文化」は、子供時代の長い人間が「学習」（L22）するのですから、まさに「脳」の「戦術」だと考えられます。またそれは**L17**〜に書かれていた、この世にたった一つのものを失ったとき、「永遠の生命」を信じたいという人類に「普遍的」な思い、を学習することも含んでいるはずです。だから筆者は**L27**で、「ヒトは、その文化的な慣習として、『永遠の生命』という概念をうちたてた」と述べているのです。Ｉのところでテーマになっていた「永遠の生」という考えかたが、脳に蓄積された「文化」とつながるものだということです。

なので人間は、親や子供の生が永遠に続くことを望み、自分自身の生の永遠も望みます。そしてそれは、子孫を残したい思いから、「個体の繁殖」へとつながります。「自然淘汰」（L28）は「生存と繁殖に役立つ行動や心理」を残していき、「文化」も同じように、繁殖に役立つ「『永遠の生命』という概念」を多くの民族にもたらし保持され続けます。

## Ⅲ「現代生物学」がつきつけるもの（L31〜L60）

ですが、現代生物学は、こういう〈自分に似たものが永遠にこの世に残ってほしい〉＝「自己の連続性」という観念を完全にうち砕きます。遺伝子をもち出して、「五世代下の子孫は、もう自分と似ていない」ことを示す。

また「クローン人間」も自分とまったく同じにすることは不可能なんだそうです。

そして、ダメ押しは現代生物学の「共生説」。これは、ヒトが、バクテリアなどの単細胞生物の集合であるという仮説です。「個性」も「生甲斐《いきがい》」もありません。なんせ「バクテリア」の寄せ集めなんだから。

決定的なのはその仮説が、〈自分〉というものの確かさ＝「自己同一性」そのものを否定することです。だってバクテリアの寄せ集めですから、そのどこに自分らしさがあるの？　ってことになります。人間が「永遠の生命」を望んだのは、「自分」あるいは「自分」に関係するものが永遠にこの世に残ってほしい、と思ったからです。でもその自分そのものがなんだかわからなくなってしまう。つまり「永遠の生命の拠《よ》り所」（L57）が失われる。

人間がバクテリアだなんてありえない！　って思いたいですが、筆者は、「還元すれば」（＝最初の状態にもどせば）、「そういった実態」（＝単細胞生物の集合体）に行き着くだろう、といいます。また*L*58～*L*60は〈バクテリアと人間は違うものに見えるが、あるものがたくさん集まればもとのものと違うものになることはあるから、ヒトだってもともとはバクテリアかもしれない〉という意味です。

## Ⅳ　希望を失わない人間（*L*61～ラスト）

こうして、現在の科学（現代生物学）は、自分という存在もそして生命というものも、まったく無意味だと宣言します。でも私たちはまるで未来に希望があるかのように日々を生きています。ここでまた問題提起です。「なぜ、絶望しないのだろうか？」その答えはやはり脳にありました。私たちの脳は、「個体がその生存と繁殖に役立つ行動をとるとき、幸福と満足を与えるように進化」（*L*63）してくれたのです。生きてるなぁ、とか、ウチの子はカワイイなぁ、とか感じると、脳が私たちに幸福感を感じさせてくれる（もちろんそれは脳が作り出した「文化」にも関わることです）。そうした「幸福」感は「数千万年」かけて作られたから、まだ「数万年」前から考えるようになったばかりの悲しい「死」のほうより、「幸福」感のほうが勝つ。だからこそ現代科学が〈永遠の生命なんてないよ〉と「絶望」と「不幸」をつきつけても、石器時代以来、脳や文化が与えてくれた「永遠の生命」を夢見る、おバカな人間の楽天性が、人間を救ってくれるのです。「脳」さまさま、って感じですね。

### テーマ　パラダイム

パラダイム（paradigm）とは、科学史家のトーマス・クーンによって提唱された科学史上の概念です。一般には〈その時代を支配している考えかたや学問や理論の枠組み〉をいいます。

科学の歴史は、その時代の科学者の集団が作り出す時代に合った考えかたが積み重なったもので、必ずしも客観的なものではないとクーンは考えました。つまり「科学」は時代で変わる可能性があるということです。たとえば科学者集団が自分たちの時代の科学のありかたを疑わない「通常科学」の時代から、科学者集団が既成の考えかたに疑いをもち始める「非通常科学」の時代へ移ると、「パラダイム」の転換＝科学革命が起きると考えられています。たとえば天動説から地動説へというように。問題文の「共生説」は、パラダイムの転換をもたらすでしょうか？　バクテリアはちょっとね……。

## ひとこと要約

脳と文化が人間を絶望から救っている。

## 200字要約　満点30点

科学は人間に快適さとともに不幸をもたらす。たとえば人間の脳は環境が不変であるかのように予測させる。この脳に沿って生まれた文化は永遠の生命という概念をうちたてた。だが、現代生物学は、人間が単細胞生物の集合であると唱え、永遠の生命の根拠となる人間の自己同一性自体を打ち砕く。にもかかわらず人間が未来への希望をもちうるのは、脳を基盤とした文化的な慣習の中で培われた楽観的なものの見かたや感情のためである。（199字）

＊aは、「快適さ」と「不幸」のどちらかしかないものは3点。
＊bは、人間の脳が「無変化」という状態を認識する、という内容があればよい。
＊dは、たんに「現代生物学は、共生説を唱える」は説明不足で2点。
＊eは、「永遠の生命の根拠となる」がないものは2点。
＊fは、人間が希望をもてる（楽観的でいられる）のは「文化」or「脳」のおかげだ、という内容があればよい。
a・b・c・e…5点／d…4点／f…6点

## 設問ナビ

**問1　漢字問題（書き取り）**

④「審美」は漢文ふうに読むと、〈美を審《つまび》らかにす〉となり、〈美醜を判断・判別すること〉。そうした判断力を〈審美眼〉といいます。　**解答**　②官僚　ムズ④審美

**問2　漢字問題（読み）**

①「謳歌」は〈ほめたたえること、楽しい気持ちを隠さず行動すること〉。　**解答**　①おうか　③いきがい

**問3　空欄補充問題**

まず空欄Aは直前の文とのつながりを考えましょう。直前の文は〈「永遠の生」という概念を、すべての民族がもっているのか、わからない〉という内容であり、Aを含む文と「しかし」という逆接の接続語でつながってい

ます。「永遠の生」と「死後も魂が残る」こととはほぼ同じことだと考えられます。とすると、[A]には、〈すべての民族がもっているのか、わからない〉という内容と逆に、**〈かなり多くの民族が「永遠の生」という概念をもっている〉**という内容が入り、[A]の前後を合わせて、〈すべての民族が永遠の生とかいう概念をもっているかわからないけど、きっと似たような考えをかなり多くの人たちがもっていると思うよ〉という文脈を作ればいい、と推測できます。

さらにダメ押しで、「『永遠の生』という概念」という表現をほかにも見ていくと、*L*29に「永遠の生命という概念は、多くの民族によって保持されることとなった」と書かれています。ここを根拠に同内容になるものを入れれば、文章の中に矛盾もなくなります。

**梅 POINT** 一つの語句補充でも、文章のほかの箇所と矛盾を作らず、きちんとフィットさせることを意識すべし。

あとは語い力。「すべての民族がもっている」という意味をもつ語を知っているかどうかです。正解は〈どこでも誰にでも通用するさま〉という意味の**3「普遍的」**。[A]の後ろの文に引きずられ、ヒトが勝手に永遠だと思っているのだと解釈して、**5**「主観的」を入れた人がいるかもしれませんが、それだと[A]の前の文との逆接の関係が成り立ちません。

空欄[B]の主語の「文化」は、直前の「生存と繁殖に役立つさまざまな戦術」のことだと考えられます。それは、**「問題文ナビ」**にも書いたように、**[B]を含む文とその前の文が接続語ナシにつながっているからです**（このことは文の読解のときにも、設問を解くときにも意識してください）。そのうえ、*L*28に「自然淘汰は生存と繁殖に役立つ行動や心理を選択する強い傾向があり、文化もその例外ではない（＝同じだ）」とあるので、「文化」も「生存と繁殖」に役立つことを受け継いでいくと考えられるからです。すると、[B]を含む文と前の文とはほとんど同内容だと考えられ、[B]の部分は前の文の「長い子ども時代に……身につけていく」という箇所と対応していると考えられます。すると**1「後天的」**を入れると前の文と対応するようになります。

[B]に「普遍的」を入れることも考えられますが、「文

化」は地域や民族によって異なることが多いですから、「普遍的に学習する」というのは違和感があります。「後天的」ほどうまく前の文脈とつながらないし、Aには「普遍的」以外考えられないので、やはりBは「後天的」でキマリです。

空欄Cは「遺伝子」によって現れる「本能」を説明する部分です。「『本能』は数万世代の間変わらない環境に適した」(L24)もので、「個体が環境との直接の交渉によって身につける『個別学習』」と対比されています。ここでも「個別」との**対比**から「普遍的」が候補として浮かびますが、先にも書いたように、Aには「普遍的」以外入りません。そこでCには**2「自動的」**を入れます。つまり「本能」は個人の意思に関係なく、「遺伝子」によってひとりでに現れるのだという意味になれば、「個体」がそれぞれの意思で身につける「個別学習」と反対の意味を表せるからです。「自動的」ならば、機械のようなイメージですから、Cのあとに書かれている「本能」の性質と同じく、ずっと「変わらない環境に適した反応」というイメージも示すことができます。この設問では「普遍的」をどう扱うかがポイントでした。p.19でもいいましたが、**空欄補充問題で「ただし同じものを繰り返し用いてはいけない」という条件がついているときは、〈迷うけれどほかの箇所との関係で決めてね〉ということでした**ね。決めやすいところから決めましょう。

**解答** A 3　B 1　ムズ C 2

## 問4 傍線部に関する内容説明問題

「**問題文ナビ**」でも触れましたが、傍線部㋐のあとで、筆者は「永遠の生」という概念が生まれる根っこに「脳」の働きがあると考察しています。また**L9**に、脳が「予測」によって「環境を永遠だと判断する根拠はなんだろうか」という問題提起があり、つぎの段落で「一つ」目の「根拠」=きっかけが語られます。それは「自然物」の「無変化」、「定常状態」、「繰り返し」に気づくことです。これは7の選択肢と対応します。

でもこれだけでヒトは「永遠」の概念に到達するわけではなく、第二の「根拠」がありました。それは、ヒトは身近な人間や動物の死を経験したときに生命の有限さに直面し、「逆に永遠の命を望む」(L18)ということでしたね。これが3の選択肢と対応しています。

この二つによって「永遠」の概念は成り立つので、この二つの内容と関係ない、ほかの選択肢はみんな×です。また**設問に「すべて選べ」とあるときは、解答は複数だ**、と考えましょう。

**解答** 3・7

**問5** **抜き出し問題**

傍線部㋑にあるように、「脳」は「進化の産物」です。生物の大きな進化の流れの中の一部として、人間の「脳」の「進化」もあるということです。

その「脳」の「進化」については、***L*63**に「脳は、個体がその生存と繁殖に役立つ行動をとるとき、幸福と満足を与えるように進化した」と書かれています。傍線部をここへつなげられるとナイスです。でもここから「脳は、個体がその生存と繁殖に役立つ行動をとる」という部分を解答にした人はいませんか？　この切り取りかたは一見よさげですが、おかしな切り取りかたです。「行動をとる」の主語は「個体」であって、「脳」はそうした「行動」がとられたとき、「幸福と満足を与えるように進化した」のです。つまり「脳」の述部になっているのは「幸福と満足を与えるように進化した」という部分です。

**梅POINT** **抜き出し問題の解答は、内容的にも文法的にもまとまっていないといけないと心得よ。**

だから「脳は、」から抜き出すなら、少なくとも述部のうちの「与える」まで抜き出さないとダメです。でもそれは三十四字になります。「脳は、」をカットしても字数オーバーです。でもメゲないでください。いいところを傍線部とつなげられたのだから、もう少し粘りましょう。ここと同じようなことが書かれている部分はないか、問題文を探りましょう。

すると***L*28**に「自然淘汰は生存と繁殖に役立つ行動や心理を選択する強い傾向があり、文化もその例外ではない」とあり、「文化」と「自然淘汰」が並列されています。「**問題文ナビ**」にも書きましたが、「文化」と「脳」は***L*20**から密接なつながりをもつものとして論じられています。そして「自然淘汰」も、「進化」と同類だと考えられます。もともと「自然淘汰」という語は進化論の用語だからです。すると**「脳」≒「文化」≒「自然淘汰」≒「進化」**ということになります。なので「自然淘汰」のもつ「**生存と繁殖に役立つ行動や心理を選択する強い傾向**」（23字）は、「脳」の「進化」の性格でもあると考えられます。よってこれが正解です。

同様の表現として「生存と繁殖に役立つさまざまな戦術」（L21）がありますが、十六字です。「戦術」の下の「を身につけていく」までつけて答えにした人もいるかもしれませんね。でも「身につけていく」の主語は「ヒト」だと考えられるので、「脳」のことを直接説明している部分にならないし、先の梅POINTにも反します。

そして抜き出し問題で、このように「〇字以上」ということが書かれていないときは、

> **梅POINT** 抜き出し問題の字数の範囲は、最大字数マイナス4字と心得よ。

です。するとこの設問の「二十五字以内」という条件は二十一字以上の解答が想定されているということになります。ただ「自然淘汰」という語が進化論とつながるという理科の知識を前提とした設問だともいえるので、むずかしかったかもしれません。

**ムズ 解答** 生存と繁殖〜る強い傾向（23字）

## 問6 空欄補充問題

空欄**D**には「現代生物学」によって「うち砕」かれた「観念」が入ります。この「観念」をうち砕くことで、生物学を含む現代科学は人々に「絶望」（最終段落）をもたらすのですから、この観念自体は人々の「希望」であり、「希望」は「未来」（L62）につながるものです。

**D**のあとを見ると、自分の「遺伝子」は孫の世代では「二五％」になり、「五世代で三％」になると書かれています。つまり人間のもつ固有の性質は五世代も経《た》てばほとんどゼロになるということです。「遺伝子」に関する研究は「現代生物学」の成果でしょう。その「遺伝子」に関する説が、〈自分という存在の、未来へのつながり〉を否定したのです。この〈つながり〉を**イイカエ**れば、**2**「自己の連続性」ということになるでしょう。これは人々の「希望」です。なので**正解は2**です。L57に、現代生物学の「共生説」によって、「永遠の生命の拠り所である『自己同一性（＝変わらない自分）』そのものが失われる」と書かれていることも大きなヒントです。そことつない

で答えた人はナイスです。

**1**の「完結性」とは〈それだけでまとまっている性質〉です。人々が望んでいるのは自分が自分だけで終わらないこと、つまり完結しないことです。なので**1**は逆です。**4**の「流動性」は続いていくというより、不安定に動く、変わるという意味です。だからこれも人々の望む「観念」ではありません。**3** チョイマヨ「自己の可能性」にも長く続くという意味がありません。大まかにいえば「連続性」も「可能性」ですが、きちんと後ろの遺伝子の話にフィットするものを選びましょう。**5**「統合性」はまとまりという意味です。これも**D**のあとの、継続性に関わるイメージがありません。自分だけでまとまってしまうと考えると、むしろ逆です。

解答 2

**問7** **傍線部の内容説明問題**

「どういうことか」という**内容説明問題は、傍線部全体でだいたいこんな意味だろう、という曖昧な形で考えるのではなく、**

**梅POINT 傍線部を語句やブロックに分けて考えていくべし。**

ではまず、傍線部ⓤの「現代の絶望」を考えましょう。この「絶望」は**問6**でも触れたように、**「現在の科学」が「生命」の「無意味」さを教える**（L61）**ことや傍線部直前の「死」に対する意識のことです**（**a**）。

つぎに「石器時代の楽観主義」とはなんでしょう？「楽観」だから〈なんでもプラス思考〉という内容を、問題文に探しましょう。それは傍線部の前に書かれています。

傍線部前の「数千万年にわたる進化」というのは、「石器時代」以来のヒトの「進化」を示していると考えられます。この「進化」の中には、「子どもを可愛い」と感じるような脳の仕組みも含まれています。そしてこのような感覚が「生存と繁殖に役立つ行動」を生み出し、人々に「幸福と満足を与える」ようになっているのです（L63）。そして「生存と繁殖」は「永遠の生命という概念」（L29）につながります。そして「文化的な慣習として『永遠の

生命』という概念をうちたてた」（L27）とも書かれていま
す。つまりカワイイとか思ったら、「幸福」とかになれ
ちゃうのですから、**脳**と、そこにインプットされている、
**「文化」がもたらした「幸福」感情や永遠という概念こそ
が未来への「希望」＝「楽観」の内容です（b）**。
なので正解はa・b二つの要素を含む5です。「生命の
永遠性は生物学によって否定された」というのが「現代
の絶望」の内容（a）で、「文化的な慣習がもたらした未
来への希望」がbと一致します。傍線部の前では「脳」
が「幸福と満足を与える」と書かれていますが、**問五**で
も述べたように、この文章では「脳」と「進化」と「文
化」は一体と考えられているといえるので、「脳」がもた
らす「幸福と満足」を、「文化」がもたらした「希望」と
**イイカエ**てもいいでしょう。「文化的な慣習」という表現
も、先に引用したL27にありましたね。人は脳と文化に
救われているのです。
**1**は「愛情表現の形成が、人間性を回復させるための
要因となり」が問題文に書かれていないことです。**2**は
人間に希望を与える「脳の進化」と、人間に「絶望」を
与えた「現代生物学の成果」が、まるで同類のものであ
るかのように「統合し」「絶望を救っている」と説明して
いるのがおかしいです。このことは、やはり「現代生物
学」と「文化」を結びつけ、「現代生物学」が「生命の永
遠性を実証」し、「絶望を救っている」という4にもいえ
る間違いです。**対比**されるべきことが仲間になっていて
混乱しています。**3**は「現代の科学者にも人間の自己同
一性を研究する視点が存在する」という部分が問題文に
ナシ。
突然「石器時代の楽観主義」とか出てくるし、「文化」
と「脳」の関係とかが少しわかりづらいので、この設問
はむずかしかったかもしれません。

ムズ

解答 5

5

評論

# 『日本文化における時間と空間』

明治大学

別冊（問題） p.34

合格点 28点

／40点

## 解答

| 問 | 解答 | 配点 |
|---|---|---|
| 問1 | a ③　b ①　c ④　d ②　e ⑤ | 2点×5 |
| 問2 | ⑤ | 3点 |
| 問3 | らである。 | 3点 |
| 問4 | ④ | 4点 |
| 問5 | 「建増し」主義 | 6点 |
| 問6 | 日本語の定型詩では極端に字数の短い詩型が普及し、対句を容れることがほとんど物理的に不可能だったから。 | 8点 |
| 問7 | ③ | 6点 |

ムズ 問1b・d、問2、問3

## 問題文ナビ

### 語句ごくごっくん

L1 **相称**…対称（＝二つのものが同じ形で向き合う位置にあること）

L3 **抽象**…個々のものごとから、それらの特徴を切り捨て（＝捨象）、共通性だけを抽《ひ》き出すこと

**抽象化**…共通点に基づいてまとめること⇔具体・具体化

L13 **幾何学的**…図形などが法則や一定のパターンをもっているさま

L16 **分節化**…一連のものを区切ること

L25 **合理的**…①理屈や法則に合致しているさま　②能率がよいさま

L32 **概念**…↓ p.25 語句「概念」参照

L34 **散文**…小説や評論など⇔韻文＝詩や短歌、俳句など

L68 **第一義的**…一番大事なさま

L74 **遍在**…どこにでもあること

L87 **村八分**…村人に規約違反などがあったとき、全村が申し合わせ、その家との交際などを断つ私的制裁。一般に仲間はずれにすることをいう

L89 **所与**…はじめから与えられていることがら。事実

L108 **権謀術数**…人をたくみにだますはかりごと

L114 **体系**…別々のものを統一した組織。まとまった全体。システム。一定の原理によって組織された知識の統一的全体

L115 **広汎（範）**…範囲が広いこと

**読解のポイント**

・中国は徹底した相称的な文化の国である

⇔

・日本（美術）は非相称性を強調する文化である

↓

・**〈背景〉**部分から全体に至る「建増し」主義

＝①「今」という時間の強調、②「ここ」という空間への集中

↓

・非相称性の美学の頂点は茶室である

↓

・茶室の美学は広く日本美術に影響を与えた

問題文は、日本と中国とを**対比**しながら、日本美術（文化）の特徴を掘り下げていく文章です。少しだけ「西洋」も出てきますが、西洋は「日本」と「中国」の中間（公的な建物は「相称的」だが個人住宅は「非相称的」）というだけなので、ここでの説明は省きます。では二つの国の文化を説明していきますが、まずは中国文化についてです。

## Ⅰ 中国の文化

中国は、すべての建物が左右相称であり、「合理的秩序」（L25）が貫かれています。「陶磁器」や家具もそうだ

し、漢詩の詩法の中心である対句は、「概念（＝ものごとの大まかな考えをことばで表現したもの）の相称的配置」（L32）です。そうしたことが一〇〇〇年以上も続き、日常生活にまで浸透していきます。

そして「左右相称」は、全体の構想から出発します。時間的にも空間的にも全体を意識するところに「相称性」は成り立つのです（L77）。

## Ⅱ―① 日本（美術）の非相称性

日本の美術には左右相称というものがない。その典型が「建築」と「庭園」です。「絵画」は自然を描きますが、自然は「左右相称」ではないので、それをそのまま描けば、日本でなくても「左右相称」にはならないでしょう。でも「建築」は何かを描くものではありません。「建築家が特定の空間を彼自身の考えと好みに従って構造化（＝仕組みとして作ること）する空間である」（L8）。それなのに日本の建築は「桂離宮や茶室」のように、「非相称」なのです。ヨーロッパの「相称的」な建築が建てられた時代と同じ時期に建てられた「桂離宮」の「庭」にも、「相称性」はないのです。

さっき中国の「対句」のことをいいましたが、日本語の「定型詩（＝5・7・5などと形が決まっている短歌など）」で、「対句」を用いることはほとんどありません。語数の少ない「短歌（和歌）」が普及したということも原因でしょうし、俳句はもっと短い。でも古い時代の「長歌」などにも「対句」はほとんど見られない。

## Ⅱ―② 日本（美術）の非相称性の背景

ただし言語表現の問題をもち出してきても、日本の「造形的表現」（＝「建築」や「庭園」）が「相称性」に「抵抗」した理由にはなりません。筆者は「日本文化の非相称性強調の背景には何があったか」（L50）、「相称性を含まない空間の秩序は、どういう文化的特徴を条件として成り立ったのか」（L52）と問題提起をします。そして筆者は、おそらく「抵抗」の背景には、建築や庭園の空間を作るときの、「部分からはじめて全体に到《いた》る積み重ねの強い習慣」（L66）があるのではないか、と考えます。それは**イイカエ**れば「『建増し』主義」、つまり初め一部分だけ作っておいて、それにプラスしていく、というプロセスです。建物全体が最後にどんなものになるかは大事なことではない。それは時間の問題でいえば、過去―現在―未来、という全体を考えず、「今」という現在だけを重んじる「『今』の強調」(L76)であり、空間でいえば、〈あそこ〉や〈そこ〉まで含めて全体的に考えるのではなく、「ここ」だけに注目する態度です。

またこうした、全体ではなく、「部分」にこだわることは「細部尊重主義」(L93)と**イイカエ**ることができ、それは「非相称性」につながるものです。そして、これらには山国の日本の「自然」も関係しているのかもしれません。日本の自然には「広大な沙漠や草原がない」(L79)。「均質」な空間がない。「相称性」のない「自然」ばかりだから、「非相称性の美学」(L83)が生まれるのかもしれない。

さらに日本の社会のありかたも影響しているかもしれない。日本の産業は昔から稲作です。稲作はムラ全体の協力が必要です。だからムラの結束は堅く、個人がどうこうできるものではありません。ムラという全体は動かないから、個々人の関心は自分と自分のまわり＝「部分」に向いていきます（＝自己中心主義）。そして「誰もが自家の畑を耕す」(L90)。この「自己中心主義」は、ムラ人同士のあいだでは「等価交換（＝同じ価値のものをお互いに取り換えること）」という関係を維持することで、なんとか抑えられますが、外部の人間には「自己中心主義」が露骨に現れる。たとえば飢饉《ききん》のときに、いくら取引しようといっても、自分の家で作った作物をよそ者にはやらない、というような閉鎖的な状態を考えればいいかもしれません。こういう社会の傾向が、個々人の心の中に入り込む（＝内面化）と、部分（＝自分のまわり）だけを大事にする、「細部尊重主義」が広がっていきます。

## Ⅱ―③ 日本の美学の頂点

こうして日本的な「思考と感受性」は作られていったと考えられますが、筆者は自然や社会的環境「だけではない」(L100)といいます。筆者は「茶室」が美の世界で大きな意味をもったのではないか、と考えています。「非相称性の美学」が頂点に達するのは、戦国時代です。なぜそのような時代に「非相称性」が頂点に達するのでしょう？　その時代は内乱の時代です。社会秩序は破壊されていました。そうした不安定な社会に嫌気がさすと、人々は「社会的環境の全体からの脱出願望」(L106)を抱きます。

そして人は自分の世界に閉じこもる。それは「ムラの安定性が用意した心理的傾向」(L107)＝「自己中心主義」でもあります。その世界が「茶室」です。そして「茶室」の中で自分だけの世界を作り上げる。建物、光や道具がその時々で移り変わる。それは全体ではなく、徹底して「細部」の「洗錬」(L110)へと向かう。だから「茶室」に関連する空間は「非相称性の美学」が「意識」され、「頂点」に達した空間なのです。そしてそれが千利休によって簡素な空間で、自分の心を見つめよ、という「禅」の思想を背景にもつ「侘《わ》びの茶」として完成されたとき、日本の美術(文化)は「茶」の文化から「革命」的な影響を受けて、「非相称性」の「美」を重んじるものになったのではないか、と筆者は考えています。

## テーマ　日本の短詩型文学

**短詩型文学**とは和歌(短歌)や俳句のことです。なぜ和歌や俳句は短いのでしょうか？　日本には近代西欧のような、自分と他者を分ける主客二元的な思想(**p.72〈テーマ〉**参照)がありませんでした。だから主体である作家が神のように、客体である読者より優れているというような近代芸術の考えかたはありません。和歌や俳句(俳諧)は〈主〉である作り手とその〈客〉である受け手が一つになるための社交の道具でした。短いことばを放つ。そこには短いことばではいい尽くせないものが残ります。それを日本では〈余情〉といい、受け手は作り手と一緒にいろいろと考える。そこに〈社交〉が生まれます。〈主客未分〉の世界です。だから和歌や俳句は「いい尽くさない」こと＝短さが一つの条件となったと考えられます。このように、作者がどのような位置にあるか、作者と読者がどういう関係にあるか、で文学のありかたは変わります。

## ひとこと要約

日本の文化は非相称的だ。

## 200字要約

満点30点

[a]中国は相称性文化の国であり、[b]日本美術の特徴は非相称性にある。[c]西洋建築はその中間だが、[d]日本の非相称性は建築と庭園に最も現れる。[e]その背景には部分から全体に至る「建増し」主義があり、[f]その世界観は「今」という時間の強調であり、[g]「ここ」という空間への集中である。[h]またその傾向は相称性をもたない自然や、[i]社会の自己中心主義によって強化された。[j]そうした非相称性の美学の頂点は茶室であり、[k]以後の日本美術に広く影響した。

（200字）

＊dは、「建築」と「庭園」のどちらかがないものは1点。
＊eは、「部分から全体に至る」という内容があればよい。たんに「建増し主義」は1点。
＊iは、たんに「細部尊重主義が展開された」は説明不足で2点減。
a・c・e・h・i・k…3点／b…4点／d・f・g・j…2点

## 設問ナビ

### 問1 空欄補充問題

空欄[a]は直前の「その間に相称性のあらゆる段階があり」という内容を受け、その具体例として[a]のあとに「古代ギリシャの神殿」などの「相称性」グループ〜「桂離宮」などの「非相称性」グループがあげられています。また今引用した「その間」という指示語は、「間」が〈二つのもののあいだ〉という意味ですから、「建物は厳密に左右相称的なことも、全く非相称的なこともある」（ℓ6）という部分を受けていると考えられます。なので、[a]をはさんだ文脈は「相称的なものと非相称的なものの間に、建築家と文化に条件づけられた段階がある」**（まとめ）**＝「古代ギリシャの神殿」〜「桂離宮」**（例）**、という**まとめと例**の関係になっています。**p.10**の「**現代文のお約束**」にも書いてあるように、**まとめと例はイコール**でしたね。ですから[a]には例を示す〈たとえば〉などか、**イイカエ**の役割をする語を入れる。なので③「**すなわち**」が適切。⑤「いわゆる」も**イイカエ**に使いますが、〈世間でよくいわれている〉という意味なので、〈いわゆる〉という語のあとには、世の中でよく使われる表現が続きます。[a]はそのようなつながりがないので、使えません。

空欄[b]は何も入れなくても通じるところなので、あまりヒントがない。こういうところは後回しにして最後に考えるとよいのでした。**「同じものを繰り返し用いてはいけない」という設問条件は〈ほかの部分との関係で決まるよ〉というメッセージでもありました**から。

空欄[c]は直前で、字数の長い「長歌」や「今様《いまよう》」もあった（だから字数が短いから、「対句」がないとはいえない）、〈**でも**〉やはりそのどちらにも「対句」はない、という流れです。ですから④「**しかし**」がいいです。

空欄[d]もあまり根拠がありませんから、後回し。

空欄[e]は「千利休」が完成させた茶の世界＝「侘びの

5

茶」という関係。「侘びの茶」は、一般的にいわれる利休の世界を表すことばなので、[e]には先に説明した⑤**「いわゆる」**が○。

さて残った空欄[b]・[d]ですが、①「おそらく」か②「もはや」です。[b]は、筆者が「一つもない」と推論している文脈だと考えて①**「おそらく」**を入れます。[d]は世の中が武士団の勢力争いにおおわれ、それを抑える力は〈**もう**〉＝もはや公家にも幕府にもなかった、という文脈を作ると考えて、②**「もはや」**を入れるといいでしょう。[b]に②「もはや」を入れると、〈以前はあったけど〉今はもう「ない」という余計な意味が現れてきます。

**解答** a ③ ムズ b ① c ④ ムズ d ② e ⑤

**問2 空欄補充問題**

「桂離宮」の庭を説明した部分。その庭は「非相称性」であり、「日本全国の名所の風景を縮小して再現」（14ℓ）したものです。だからその庭の中を歩いていくと、風景はさまざまに移り変わっていくはずです。⑤「千変万化《せんぺんばんか》」はその字の通り、〈さまざまに変化すること〉ですから、**⑤が正解**。①「千古不易《せんこふえき》」は〈永久に変わらないこと〉で⑤と逆。②「十重二十重《とえはたえ》」は〈何重にも重なるさま〉、「重なる」が今の場合不必要な意味だし、「十重二十重する」とはいいません。③「千篇一律《せんぺんいちりつ》」は〈ものごとがみな同じで変化がなく、面白みのないこと〉、これも⑤と逆。④「百花繚乱《ひゃっかりょうらん》」、〈優れた人・業績などが一時にたくさん現れること〉で、意味としては空欄[X]に入れられなくはないですが、「百花繚乱する」とは、やはりいいません。

ムズ **解答** ⑤

**問3 脱落文補充問題**

p.10からの「現代文のお約束」に書いてあるように、**まず設問を見て、こういう時間のかかる問題があるかどうか、チェック**する習慣をつけましょう。そのうえでこうした問題については以下の解きかたを守ってください。

**脱落文補充問題の解きかた**

**(1) 脱落文冒頭の指示語、接続語がうまく働くところを考える**

**(2) 脱落文と問題文とに、共通語句、類似表現が**

あれば、話題が同じだと考えて近くに入れる
**（3）もともと、逆接・並列の接続語、指示語や話題のつながりなどで強い結びつきをもつ部分のあいだには入れない**
**（4）迷ったら入れてみて、あとの文脈とのつながりをチェックする**

では設問を見ていきます。脱落文の「今」・「ここ」という表現が***L*76**にもあります。**共通語句、類似表現**です。この段落の最後は「相称性」の話をしていますが、段落末尾で時間の話をしているのは、ここしかありません。「相称性」と対比される形で、「部分の洗錬」という「非相称性」について説明した脱落文があると考えるしかないですね。脱落文の冒頭に「一方」などを補って考えることになります。

ムズ 解答 **らである。**

**問4 傍線部の理由説明問題**

設問文の主語は「茶室」です。**理由説明ですから、主語の内容を考えるべきです。**「茶室」についての説明は最後の段落です。だいぶ傍線部**1**から離れています。**問題文全体を見渡して内容的につながるところを見定めてください。**

最終段落に書かれた内容を、茶室が「非相称性」を性格としてもつものになったプロセスとしてまとめ、〈だから茶室は「非相称性」となった〉というふうに、**傍線部（の述部）とつながるようにすれば**、傍線部の**理由**になります。

では最終段落の内容をそのようにまとめてみましょう。**a**・**b**は茶室に人々が惹《ひ》かれる時代状況です。

**a** すべてが破壊される戦乱の時代だった
↓
**b** 人々には社会全体からの脱出願望が生まれた
↓
**c** 茶室の静かな空間が魅力を感じさせた
↓
**d** 茶室の小さな部屋の中でさまざまな物の細部が洗錬されていく
↓
茶室は「非相称性」となった（＝傍線部**1**）

5

この内容に最も合致するのは④です。①は「桂離宮の中に茶室があり」という内容が問題文にナシ。②はつながりがおかしい。窓などの形が「美的であるためには非相称性が必要」なのではありません。この説明だと窓などの「形」のほうがまず大切で、かつ最初から「非相称性」を目指していたことになります。そうではなく、窓の形などを洗錬させていったら、自然と「相称的な構造を容《い》れる余地が全くない」（*L*112）状態になった。つまり結果として「そこにあるのは非相称的空間」ということになり、それを「意識」すると「反相称的美学」が誕生したのです。③は「その後の安定期」の話は、問題文にありません。⑤は、「禅の思想」が「左右非相称性」をもっていたかどうか、問題文からは判断できないので、正解にはなりません。

**解答** ④

**問5** **抜き出し問題**

傍線部**2**は「相称性」の話をしていますが、問われているのは、「建築や庭園などの造形的な表現が非相称的である**理由**」です。

**梅 POINT** 抜き出し問題では、傍線部中や傍線部の前後の表現および問いかけと同様の表現のあるところに着目すべし。

このことを意識して、問題文に日本の「造形的な表現」の「非相称性」について語っているところを探しましょう。***L*65**の「造形的表現における相称性への抵抗」という表現が見つかりましたか？「相称性」に「抵抗」した、ということは、「非相称性」へ向かった、ということですから、問いかけと同じ内容ですね。そして***L*65**〜は「抵抗の背景」について述べています。「背景」というのは〈ものごとや人を背後から支えるもの〉という意味で、〈**理由・原因**〉とも近いことばです。だから***L*65**〜は日本の「造形的表現」が「非相称性」をもつ**理由**を述べているといえます。そしてそれを「別の言葉でいえば、『建増し』主義」だと述べています。だから「『建増し』主義」が「非相称性」の**理由**になります。ちょうど「七字」だし、建築などの「造形的表現」に関連するので「『**建増し**』**主義**」が正解です。

**解答** **「建増し」主義**

**問6 傍線部の理由説明問題（記述式）**

設問文の主語は「対句」であり、問われているのは、「対句」が日本にない理由です。「対句」のことは ***L* 54**～***L* 64** に書かれているので、この部分で、「対句」がない**理由**となることをピックアップしていきましょう。

まず ***L* 55** に「その理由は」とあるので、これが一つ＝**「極端に短い詩型が」「普及したから」（a）**。そして短いので、**「対句を容れることは」「物理的に不可能」だった（b）**。

つぎに「長歌」や「今様」の話が続きますが、これらは和歌や俳句より長いけれど、そこにも「対句」は見られない、という「対句」が排除されているという事例であって、〈なぜ対句が使われなかったのか〉という**理由**には直接関わりません。

そしてほかに「対句」について説明した部分はないので **a・b** の内容を書けばよいのです。記述問題はこわくない！ もちろん「対句」を主語にして書いた解答もOK。

**解答例** **日本語の定型詩では[a]極端に字数の短い詩型が普及し、[b]対句を容れることがほとんど物理的に不可能だったから。**（50字）

**採点のポイント**

a 極端に字数の短い詩型が普及した…4点

＊「極端に」がないもの、「極端な短詩型の支配」をそのまま用いたものは2点減。

b 対句を容れるのは物理的に不可能だった…4点

＊「物理的に」がないものは2点減。

**問7 内容合致（趣旨判定）問題**

つぎのことを頭に入れておいてください。

・**一番悪い（ワースト1）選択肢は、問題文の内容や筆者の立場と矛盾するもの、対比が混乱しているもの**（「矛盾」とは、車が正面衝突するように、選択肢と問題文がガチンコすることです。これは0点の選択肢）。

・**二番目に悪い（ワースト2）のは、問題文にナシ、つまり問題文に書かれていないことが書いてあるもの**（上りと下りの電車みたいに、選択肢と問題文がすれ違うのです。これは20点の選択肢）。

・**問題文のつながりや因果関係と違うもの、問題文にないつながりや因果関係がついているものも先の二つほどじゃないけど、かなり悪い（ワースト3ランクで40**

**点）**。でも、「因果関係がおかしいというのは、問題文と×だからワースト1じゃないの？」と思う人もいるかもしれません。でもここでいっているのは、たとえば**A**という内容、**B**という内容は問題文と一致している、だけどその〈**つなげかた**〉だけがおかしい、という〈**つなげかた**〉の部分だけにキズがある、という選択肢のことです。だからワースト1とは区別してください。

＊**「二つ選べ」という問題では、100点二つ（あるいは0点二つ）ではなくて、並べてみて上位二つ（あるいは、下位二つ）、というふうに考えましょう。だからキズがあっても正解になることもあります。**一つ選べのときも、みんなワースト1で、一つだけワースト3なら、ワースト3を答えにするしかありません。そういう柔軟な対応をして、とにかく〈**一番マシなもの**〉を選んでください。

これをふまえて、一つずつ丁寧に問題文と照らし合わせてください。

①…最後の部分が問題文にナシ。ワースト2。

②…「西洋」は「相称性」と「非相称性」の「中間」（**L18**）だという内容と×。ワースト1。

③…**L18**～**L31**の内容に対応しています。**③が正解**。

④…「対句」は、「相称性」文化の例であり、「相称性」を重んじる結果現れた詩の形です。「相称性」文化の「原因」ではありません。因果関係が×です。ワースト3ランク。

⑤…**L3**～にあるように、「絵画」はどこの国のものでも「左右相称ではない」ので、「西洋」の「絵画」に「相称性」があるというのはおかしい。また「西洋」の「定型詩のほとんど」に「対句」が見られる、というのは「ヨーロッパの詩文にもないことはない」（傍線部**3**）と×。ワースト1ランクです。

**解答** ③

6 評論

# 『遊びの現象学』

立教大学(改)

別冊(問題) p.46

## 解答

| 設問 | 解答 | 配点 |
|---|---|---|
| (A)(イ) | 異形 | 2点×4 |
| (A)(ロ) | 挑発 | |
| (A)(ハ) | 転嫁 | |
| (A)(ニ) | 交錯 | |
| (B) | 3 | 4点 |
| (C) | 2 | 7点 |
| (D) | 1 | 7点 |
| (E) | 呼びかけと応答 | 6点 |
| (F) | 4 | 8点 |

ムズ (A)(イ)・(ハ)、(C)、(D)、(F)

合格点 26点

/40点

## 問題文ナビ

### 語句ごくごっくん

L3 **情調**…気分、雰囲気、感情

L5 **往還**…行き帰り

L6 **天びん**…中央を支点として両端に皿をつるし、一方に測ろうとする物を、他方に分銅をのせて、水平にし、重さを測る器具。ここでは、「シーソー」自体のことを指す

L10 **贖罪**《しょくざい》…犠牲を払って罪を許してもらうこと

L12 **呪術**…不思議な力に働きかけて目的を達しようとする行為

L23 **胎盤**…胎児と母親をつなぐ器官。ここでは基盤、土台、という意味

L29 **拮抗**《きっこう》…力の同等なものが対立すること

L48 **屈託**…気がかりなことがあり、くよくよすること。気力を失っていること

**読解のポイント**

・鬼ごっこ…鬼と子は役割を交換しながら互いに楽しむ

↓

・かくれんぼと「いない・いない・ばあ」や鬼ごっこ
…①互いの「見る・見られる」というまなざしの揺れ動きの中で遊ぶこと
＋
…②呼びかけられそれに応答するという「同調」の遊び

↓

○遊びの本質は、互いがふと「同調」するところにある

問題文は、表現がむずかしく、一つの段落が長いですが、第一段落が「鬼ごっこ」、第二段落・第三段落が「かくれんぼ（いない・いない・ばあ）」について論じています。話題が違うことを意識して、大きく二つに分けられればナイスですが、第二段落と第三段落では、「かくれんぼ」についての見かたが少し違うので、今回は形式段落通り、問題文を三つに分けて見ていきましょう。

## I 鬼ごっこ（冒頭〜L14）

鬼はそもそも、母親から子供をさらうというものであり、それがみんなの「記憶」のどこかにあるからか、鬼ごっこにはどこか「原初の（＝根源的な）」暗い「情調」が漂っているといえるかもしれません。でもけっして遊びとしての鬼ごっこの鬼はおそろしいものではなく、鬼と子はシーソーに乗って遊ぶペアであり、シーソーが上がったり下がったりするように、鬼と子は「往還運動」（＝行ったり来たり・立場の入れ替わり）を行い、戯れるのです。そのとき鬼と子は、別々の存在というより、一体となった存在だといえるでしょう。「宙づり」（L6）ということばが出てきますが、このことばも鬼と子が役割を代える＝どっちにもなる、という固定されない立場であることを表していると考えればいいでしょう。鬼に捕まったら、今度は鬼になるというのも、鬼と「接触」したから「けがれ」がうつる、という「感染」（L12）の「呪

術」ではなく、遊びが「反復」され続いていくための「仕掛け」であり、シーソーの両端にいた二人がシーソーの中心を「支点」として互いに上下するようにして交代する、ということなのです。

## Ⅱ かくれんぼ①（L15〜L30）

「いない・いない・ばあ」や鬼ごっこの本質は「宙づり」、つまり役割の交換を受け入れるということでした。「鬼ごっこ」は、鬼に見つけられた人がつぎの鬼になります。これが〈役割の交換〉です。そしてそれを、「見る・見られる」という関係として示したものが「かくれんぼ」だと筆者はいいます。「かくれんぼ」は鬼ごっこと違い、鬼は隠れている人全員を見つけないと鬼をやめられません。それに「かくれんぼ」と「見る・見られる」という「まなざし」を結びつけるのは、あまりイメージが浮かばないですね。「いない・いない・ばあ」なら、母親と赤んぼうのあいだでの「見る・見られる」という関係だってわかりますが。でも「かくれんぼ」も、鬼が隠れている子供を〈見つけ〉ようとするし、隠れている側は〈見つけられる〉側ですから、それを筆者が「見る・見られる」関係だといっていると考えればいいでしょう。

かくれんぼについては、

●藤田省三…「喪失や迷子や流刑の経験」（L24）＝人生の中でひとりぼっちになる体験の原形

⇔

○筆者…**「見る・見られる」**（L26）**というまなざしのクロス＝他人との独特な仕組み（＝「構造」）を生む**

という二人の意見が紹介されています。筆者がいう「仕組み」とは、自分と他人が遊ぶという状況の中「に・遊ぶ」（L27）＝〈遊びという状況の中に一緒に入り込んで遊ぶ〉、という他人と一体となるありかたです。

## Ⅲ かくれんぼ②（L31〜ラスト）

**L31**には、「かくれんぼ」が**「呼びかけと応答」の遊び**であるという**まとめ**が書かれています。これは「かくれんぼ」の二つ目の性格ですが、「春風に……役割がわりふられる」（**L32〜L39**）まではその具体例です。そしてその具体例が終わったあと、また「つまり」（L39）という接続語によって**まとめ**が書かれています。例を二つの**まと**

めではさんでサンドイッチ、これはよくある文章構造です。そして**まとめと例はイコール**ですから、最初の**まとめ**と二つ目の**まとめ**もイコールになるはずです。たしかに「かくれんぼ」は「呼びかけと応答」だという内容は一致してますね。そして「呼びかけと応答」は「同調」だ、ということもここでわかります。ここでいう「同調」はアーティスティック（シンクロナイズド）スイミングのようにピッタリ息を合わせる、という状態です。さてここからが少し手ごわいので、「主体」ということについて話しましょう。

### テーマ　近代的な主体

**近代**という時代は人間が、神のかわりに世界の中心になりたいっ！　と考えた時代です。そして科学は、人間が世界を支配するための戦略として発展するのです。近代科学は、**理性**をもった人間（＝**主体**、といいます）が、観察する対象（＝**客体**）とは異なったレベル（＝次元）に立ち、その対象を分析することで、対象がもつ法則や真理をゲットすることができると考えました。こうした考えを**主客二元論**といいます。〈**主体**〉と〈**客体**〉とが二つの別の次元にあるから〈**主客二元**〉ということです。デカルトというおじさんが考えました。こうした二元論は**理性**を大事にするので、**近代合理主義（＝理性によってものごとの法則をとらえたり行動したりすることが重要だという考えかた）**のもとになります。そして主体が自分以外の存在＝客体と明確に分けられることは、人間に関していえば〈自立〉というイメージです。そしてこうした自立した人間には価値があるとされると、**他人と違う自分（個性をもった自分）**、**他人に影響されずに自分の意志で行動する自己**を、〈**主体**〉あるいは〈**主体性**〉をもった**近代的自我**として尊重するという**個人主義**的な風潮が、近代の価値観となっていきます。

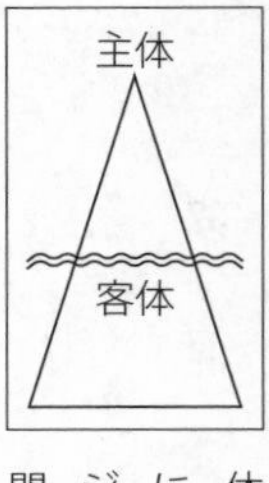


で今回の文章ですが、「遊び手とは、遊びの主体ではない」、ということは、遊びにおいては一人ひとりが自立した独立した存在ではなく、筆者のことばでいえば、「同調」する存在だという意味です。もし遊びにおいて一人ひとりが「主体」であれば、一緒に遊んでいる人間の影響をなるべく受けないようにする、なんてことにもなりかねません。「遊び手とは、同時に遊ばれるもの」（L43）なのです。呼びかけられてそれに応じるのは、〈よし、あいつと遊んでやるか〉とかいう、「主体による決断や合意」ではなく、「さそいかけ」られて、さそわれた子供の内部にその呼びかけが「反響」し、ふと「同調」してし

まうという、主体と客体という区別を超えたことなのです。こういう状態を〈主客未分〉といいますが、まさに遊びはそうした自分とほかの子供たちとの区別がなくなるような事態です。とすれば遊びは、近代的な主体性重視の価値観に反する、〈反近代〉的なものだということにもなります。

遊びたいのに、勉強とかがあって、自分の意志で遊びの誘いを断ることがあります。でも、そういうことがあったとしても、遊びに加わる「同調」は、主体の「意志」を超えたものです。逆に「屈託」があって遊ぶ気にならないのに、「つきあい」だからといって遊んでいるときは、遊ぶことを「主体」が「自由」に「決断」した、ということになります。ですがそのときは「しなやかな同調」は訪れません。楽しい遊びにはならないのです。つまり遊びは意志や決断によって台無しにされてしまうのです。だから遊びのはじまりは「自由な決断（意志）」ではなく、ふと他人に「同調」することから始まるのです。そして筆者が、「かくれんぼ」をはじめとする遊びに「人生」の「固有の一面」（L30）があるといったのは、こうした、他者と世界を共有するというありかたのことだったのです。

## ひとこと要約

遊びは人生の経験に関わる他者との同調行為だ。

## 200字要約

満点30点

かくれんぼに代表されるように、[a]遊びとは立場を入れ代えながら行われる他者との遊動行為であると同時に、たとえば「見る・見られる」というような、[b]自己と他者との関係の中で、他者ともども世界を共有するという、独特の存在様態を構造化しているものである。それは[c]我々の人生のもつ固有の一面を示しており、なおかつその遊びは主体の自由な決断によるのではなく、[d]呼びかけと応答によって始まる、[e]他者との同調なのである。

（196字）

＊aで、「宙づりの遊動の関係」は比喩的なので3点。

＊bは、「遊び」が「自己」と「他者」との関係の中にある、という内容があればよい。

＊cは、「遊び」と人間の生きかたとの関わりが書かれていればよい。

＊dは、「呼びかけ」「応答」のどちらかがないものは不可。

※「主体の自由な決断によるのではなく」という部分のように「～ではなく」という説明の仕方は、「○ではなく、×だ」というように、裏返すと同内容になることが多いので、本来ならばあまり解答に入れないほうがいい。今回の場合は強調表現として書いたが、補助的な説明なのでポイントにはしていない。

＊eは、bより一段階進んだ、遊びの中での他者との〈同調・一体化〉という内容。

a・b・c・d・e…6点

## 設問ナビ

### (A) 漢字問題（書き取り）

(イ)「異形」は〈ふつうとは異なった姿形〉のこと。(ロ)「挑発」は〈事件や紛争などをひき起こすようにわざとしむけること〉。(ハ)「転嫁」は〈罪や責任を誰かになすりつけること〉。〈責任転嫁〉というように、四字熟語としても使います。「転化」は〈別の状態に変化すること〉で、この文脈には合いません。

**解答** ムズ (イ) 異形　(ロ) 挑発　ムズ (ハ) 転嫁　(ニ) 交錯

### (B) 空欄補充問題

空欄部が「遊び手と遊び相手」との関係を表す語句であること、「遊び手とは、同時に遊ばれるものである」、「遊びの発端」は「同調」（*L*44）であるといわれていることなどから、3の「同調」が解答候補にあがりますが、根拠をもう少し明らかにしましょう。そこで、「わらいにわらいで応える」、「遊び手と遊び相手との」という二つの空欄直前の表現にまず注目しましょう。これらは二つのものの関係を表しています。つまり遊びにおいて、遊び手同士はどういう関係にあるかを表す語句が適切だということになります。**空欄補充問題は何よりも空欄の直前直後の語句との関係を大切にする**のでしたね。

つぎに一つ目の空欄直前の「わらいにわらいで応える」ということと同様の表現が、どこかに書かれていることに気づきましたか。

**梅POINT　空欄補充問題では空欄の直前直後にある表現と同様の表現があるところに着目すべし。**

問題文のだいぶ前のほうですが、*L*5に「わらいかけながら」という表現があります。これは「わらいかけ」るわけですから、遊び手同士二人の関係です。そしてその部分に続いて「ひとつに同調した往還運動を共有したのしむふたり」という説明があります。ここから笑いかけられた二人の関係が「同調」と表現されていることがわかります。だからやっぱり**正解は3**に決まります。

「キャッチボール」のイメージから**1**「対面」を選んだ人もいるかもしれませんが、二つ目の空欄に「対面」を入れると「対面にあって」という不自然な日本語になります。また、遊び手同士のあいだに隔たり・距離を感じさせる語でもあり、一緒になって世界を共有するという、筆者のいう「遊び」に合致しません。

何より**3**以外の選択肢は、「同調」のように、問題文に根拠をもってません。ダメな理由はそれだけでも十分です。逆にいえば、**正解はつねに問題文に根拠をもつ**ということです。この現代文の原点は忘れないでください。

解答 3

**(C) 傍線部の内容説明問題**

「遊びの基本骨格を傍線部(1)とし」て「純化」したのが「かくれんぼ」だ、という文脈ですから、傍線部＝「遊びの基本骨格（＝基本の骨組み）」です。また「『いない・いない・ばあ』や鬼ごっこ」は例ですが、それらの「基本骨格」が傍線部なのですから、傍線部「宙づりの遊動の関係」は鬼ごっこなどの本質を説明した語句でもあります。すると第一段落の鬼ごっこや傍線部のあとの「いない・いない・ばあ」の説明の中に、この「基本骨格」とつながる説明があると考えられます。そして**p.34**の梅POINTでもいいましたが、**傍線部問題では、傍線部中、あるいは傍線部前後の表現と同様の表現のある部分に注目してください。**

すると傍線部の「遊動（＝遊びの中での動き）」という表現が***L*6**にもあることがわかります。その語には「この」という指示語がついていて、「〜のように、この〜」というつながりから、この「遊動」とは「一枚のシーソーの板の両端でむきあいわらいかけながらひとつに同調した往還運動」を指していることがわかります。つまり**〈傍線部(1)「遊動」＝一枚のシーソーの板の両端でむきあいわらいかけながらひとつに同調した往還運動〉**（*L*4）という関係が成り立ちます。また同じ***L*6**に「遊動をつりあわせる」といういいかたがあるので、「遊動」も揺れながらバランスをとることに関連します。傍線部の「宙づり」も揺れ動くイメージです。すると「宙づりの遊動」という表現は〈「宙づり」という遊動〉という意味で、「宙づり」＝「遊動」であると考えられます。ならば「遊動」を説明すれば、「宙づり」状態も説明したことになります。なので「遊動」を説明した*L*4～の内容と合致する**2が正解**です。

**1**「拮抗しあう企ての世界」は、「拮抗」という語の出てくる*L*29を見ればわかるように、筆者のいう遊びの世界とは逆のことです。**3**の「勝つ」勝たないという勝ち負けのことは問題文に書かれていません。**4**の「不安」はことばとしては*L*2に出てきますが、傍線部や筆者のいう遊びの世界の「基本骨格」に直接関係しません。**5** チョイマヨ の「交換関係」は、*L*11にあるように、「鬼ごっこ」の一要素ですが、これでは「鬼ごっこ」のことだけしか説明できません。説明しないといけないのは「遊びの基本骨格」ですから、そのほかの遊びのことを含むことのできる、**2**のような一般的な説明をすべきです。

**梅 POINT** 傍線部問題の選択肢で迷ったら、傍線部やそのイイカエ部分に忠実な表現をしているほうを選ぶべし。

ムズ 解答 **2**

### (D) 傍線部の内容説明問題

「かくれんぼ」についての説明を求めています。だから今度は「かくれんぼ」にぴったりピンポイントではまるものを選びましょう。

まず「かくれんぼ」は、傍線部(2)直後で**「宙づりのまなざしの戯れ」(a)**だといわれています。またこれは「かくれんぼ」が、相手を見、こちらも見られる、という関係が逆になったりいろいろ変化する遊びだということを述べたものだと考えられます。そしてそのような関係になることで、「かくれんぼ」を遊ぶ人間同士は「そのような状況『に・遊ぶ』」＝自己と他者との独特な関係の中に入り込んで、**「他者ともども世界に遊ぶ」**(*L*28)のです**(b)**。こうした**a**・**b**の要素を含んだ選択肢として**1**があります。**1**の前半は**a**そのもの。「関係のみならず状況自体を他者と共有する」という部分は、**b**を**イイカエ**たものです。

**2**は、「まなざし」自体が「同調」したり「反転」したりすると説明していますが、そうした内容は問題文にはありません。**3**は(C)の**1**と同じく、「他者とするどく対立しあう企ての世界」が、筆者のいう遊びや「かくれんぼ」とは逆の世界です。**4**は「喪失や迷子の経験を反復する」が間違い。これは筆者とは意見が違う藤田さんの考えです。**5** チョイマヨ は「合意された」が×。「遊び」は「決断や合意であるよりは……同調」(L44)とあり、筆者は「合意」というありかたを、遊びの要素としてはあまり認めていません。「かくれんぼ」は、筆者のいう「遊び」の例ですから、右のことは「かくれんぼ」にも当てはまります。

ムズ 解答 1

(E) **抜き出し問題**

設問文の「多くの『遊び』がどのような過程からはじまる」かという問いかけに注目してください。p.66の梅POINTでもいったように、**抜き出し問題では、傍線部中や傍線部前後の表現および問いかけと同様の表現のある部分に着目してください**。抜き出し問題も傍線部問題の一種ですから、傍線部問題と同じお約束が適用されるということです。すると、「遊びがはじまる」という傍線部(3)の表現と似た表現が、「かくれんぼもまた、他の多くの遊びとおなじように、のっけから、呼びかけと応答の、それ自体一種の遊びではじまる」というふうに、L31にあることに気づくでしょう。つまりすべての遊びは「呼びかけと応答」によってはじまるのです。これは「どのような過程からはじまる」かという設問文の問いかけにも対応していますから、「**呼びかけと応答**」が正解です。

この答えでは簡単すぎる！ とか思って、「枠組みを設定する」(L11)や「仕組まれた不在」(L21)などを解答にした人もいるかもしれません。でも前者は「鬼ごっこ」の「役割設定」(L9)に、後者は「いない・いない・ばあ」に限定されたことがらで、設問文にあるように「多くの『遊び』」についていえるものとは断定できません。**抜き出し問題の設問文には、ヒントや手がかりが隠れていますよ**。

また、

**梅POINT　抜き出し問題や記述問題の解答とは、その解答だけで内容が明確にわかるもの、と心得よ。**

たとえば「鬼ごっこというシーソー・ゲームの天びんの枠組みを設定する」という部分から「枠組みを設定する」という語句だけを抜き出しても、〈それだけで意味がわかる〉ということにはなりませんね。そうした観点から自分の解答をチェックすることも必要です。

**解答**　**呼びかけと応答**（7字）

### (F)　傍線部の理由説明問題

傍線部(4)のように、「遊びのはじまりは、企ての主体の自由な決断によるものではない」といえるのはなぜでしょう?　**理由は主語の性質の中にある**。だから、「遊びのはじまり」について考えましょう。(E)でも確認したように、遊びは「呼びかけと応答」によってはじまります。その「呼びかけに応じるとは、企ての主体による決断や合意であるよりは、さそいかけという遊びの発端が、遊び手の内部に反響させた同調の動き」(L44)です。つまり、

**a**　遊びのはじまりは呼びかけと応答である
↑
**b**　そのさそいかけが遊び手の内部に反響する同調を生む
↑
**c**　それは主体の決断や合意というものとは違う
≒
傍線部(4)

ということになります。

**梅POINT　理由説明問題では、論理の見取り図を組み立てるべし。**

そしてこのように考えれば、**4**が**b**（**c**）の内容をまとめていて正解だとわかるでしょう。

**1** チョイマヨ は、「かくれんぼ」などの遊びの性質として、**L26**に書かれていることですが、「遊びのはじまり」に関して整理した右の図の、傍線部につながる論理とは無関

係です。つまり**1**は「遊びのはじまり」に関係ないので、理由にならない説明をしているのです。これを選んだ人は、たんに問題文に書いてある、ということだけで設問を解いた人だということになるかもです。

**梅POINT　理由説明問題では、問題文に書かれていても、理由にならない選択肢に注意せよ。**

そしてこのことは、**p.21**上段の梅POINTでいった**傍線部問題、とくに理由説明問題の解答には、傍線部の述部（や問いかけ）とのつながりが必要**、ということにもつながります。気をつけてください。

**2**は最終段落に書かれていることに近いですが、**2**の状態はほんとうの意味での「同調」が生じているとはかぎらないと*L***48**以降に記されているので、筆者のいうほんとうの「遊び」のありかたと一致しません。**3**は「他者と合意した上で」という部分が、「合意であるよりは」（*L***44**）と×。**5**（チョイマヨ）は「遊ぼうと思う」という表現に問題アリです。筆者は遊びはさそいかけに、意識するまでもなく心や身体が「同調」していくことだと考えているのです。それに対して「遊ぼうと思う」というのは、自分自身の「決断」や「意志」を示している表現です。遊びのはじまりはこうした意志や「決断」めいたものではない、と筆者は述べていますから、**5**は問題文とも傍線部ともミスマッチです。

ムズ　**解答**　**4**

7 評論

# 『可能性としての歴史　越境する物語り理論』

関西大学

別冊(問題)　p.54

ムズ　問4、問5、問7㋒・㋓、問8

合格点 26点

／40点

## 解答

| 問 | 解答 | 配点 |
|---|---|---|
| 問1 | ㋐ 顕在　㋑ 醸成 | 1点×2 |
| 問2 | c | 4点 |
| 問3 | d | 5点 |
| 問4 | d | 5点 |
| 問5 | e | 5点 |
| 問6 | c | 4点 |
| 問7 | ㋐ d　㋑ e　㋒ b　㋓ c　㋔ e | 1点×5 |
| 問8 | 言語表現によって、歴史のイメージや文化を共有し共感できる、国民という共同性を生み出すという役割。 | 10点 |

## 問題文ナビ

### 語句ごくごっくん

L1 **主題**…→p.37 語句「主題」参照

L15 **陥穽**《かんせい》…落とし穴

L16 **擬人化**…人間でないものを人間と見なすこと

L17 **実体**…①人間に関わりなく、それ自体で存在するもの
②正体

L17 **レトリック**…ことばの技法。修辞

L22 **口承**…→p.25 語句「口承」参照

L23 **媒体**…→p.25 語句「媒体」参照

L28 **既往**…過ぎ去った時間≒過去

L31 **ナショナル**…民族的な。国家的な

L32 **自己同一性**（アイデンティティ）…→p.14 語句「アイデンティティ」参照

L33 **正統**…伝統などを正しく受けついでいる血筋⇕異端

L35 **明晰**《めいせき》…はっきりしていること。よくわかること

L38 **銘記**…深く心にきざんで忘れないこと

L42 **表象**…①イメージ　②象徴。ここでは表現すること、というほどの意味

L48 **此岸**《しがん》**⇕彼岸**《ひがん》…こちら側の世界（現実）⇕あちら側の世界

L57 **一義的**…①意味が一つしかないこと　②最も重要であること

L58 **客観**…個人的なことから離れた、誰にでも通じる考えかた、見かた

L59 **標榜**《ひょうぼう》…主義・主張などを公然とかかげること

L59 **プロット**…小説などの筋書や構想

L66 **超〜**…①すごい　②「〜」をこえて、別物になる。ここでは②の意味



**読解のポイント**

・九〇年代の「歴史の見直し」は日本の過去と現在を肯定し、共同性を作ろうとする動きだった

⇔

・一方では、悲惨な体験を「物語としての歴史」が記述することを拒否する言説が生み出された

↓

・悲惨な体験をどう共有するかという課題に取り組んできた

↓

・その中で、文学が、歴史＝「共同的記憶」と同じように、「国民」意識の形成という働きをもっていることが明らかになってきた

問題文は、*L* **38**で、「ただし」という接続語によって話題が、〈体験が記述されることを拒否する〉という、*L* **37**までに語られたことがらと**対比**されることがらへと移ります。また*L* **57**以降で「文学」の働きについて述べられ

ていきます。こうした話題の移り変わりに着目し、問題文を三つに分けて見ていきましょう。

## I 一九九〇年代の「歴史の見直し」（冒頭～L37）

**テーマ　歴史と物語**

先に「**歴史**」と「**物語**」との関係について説明します。ふつう歴史とは、過去にあった客観的な事実を書き、伝えるものだと考えられています。これに対して、歴史は、歴史家が今の時点から、ある見かたに従って過去を振り返り、その見かたに都合のいい過去のできごとを選んで一定のストーリー（＝「物語」）を作り、今現在の状況や状態がなぜ現れたのかを物語るものである――だから歴史は「物語」だ！　という考えかたがあります。たしかに軍国主義だった過去の日本では、天皇を中心とした〈皇国史観〉という軍国主義者に都合のいい歴史が語られ、それに合う過去の事実がクローズアップされました。このことを考えれば歴史は「物語」だという考えかたは間違ってはいません。英語でも、**history** と **story** だし。「歴史」と「文学」を似ていると見なす筆者も、こうした考えかたに立ってこの文章を書いていると考えてよいでしょう。

で問題文ですが、人間は「記憶」によって自分の人生を支え、都合の悪いことは「忘却」します。これが集団的に、たとえば「国民」全体で行われれば、その「国民」にとって都合のいい「記憶」がクローズアップされ、忘れたいことは「忘却」されます。そしてわれわれの国はこういういい国なんだ！　という「歴史」ができあがります。それは「記憶」を選んで筋道＝ストーリーをつけたものですから、「物語」です。そしてその集団で共有されている「歴史」＝「集合的記憶」（L5）は、集団の「共同性（＝つながり）」を形作るのに役立つはずです。

ただし、このように、歴史を「集合的記憶」や「共同的記憶」と見なすと、「陥穽」（L15）にはまります。個人の「記憶」を集団的な記憶と結びつけることで、「集団や共同体（＝社会とか国家とか）」を個人同様、人格をもつもののように思わせ（＝擬人化）、個人が集まって「共同体」ができるんだから、「共同体」のことを考えれば個人のことを考えたことになるよな、という感じで、「共同体」を「個人にも先だつ独立の存在として」「実体視」します。それが「危険」なことなのです。

「日本社会の人格分裂」（L17）なんていうことば（＝レトリック）は、「社会」を、「人格」をもつ「個人」のように表現していますね。これが「陥穽」です。個人の問題が置き去りにされるからです。私たちのすべてが日本「国民」といわれるものと重なりますか？　みんな一人ひとり違うのだから、日本「国民」に入りきらない部分があるはずです。だから「陥穽」に落ちないためにも、「国民」とか「国家」という「共同体」が、実は「実体」などないのに、なぜか「実体」があるもののように作られていく仕組みがあるということを知っておく必要がある。その仕組みこそが「歴史」なのです。歴史は「共通の祖先」（L21）などに関することを「記録」し、「歴史教育」が行われてその「歴史」＝「記憶」がみんなにインプットされ、その裏で都合の悪いことは「忘却」される、そうした「歴史」の働きがあって、「記憶と忘却の共同体（＝国家とか）」（L24）が成り立つのです。

　このことは一九九〇年代の「歴史の見直し」（L26）論でもはっきりしました。この論争では、「南京《なんきん》大虐殺」はあったか、「従軍慰安婦強制連行」はあったか、という今でも語られることがらについて意見が戦わされました。

　第二次大戦後の「戦後」の「歴史観（＝歴史に対する見かた）」は、「皇国史観」のような戦前の歴史観を断ち切り、戦前とは違う日本の歴史を考えることを目指しました。その戦後の「歴史観」に反対したのが「歴史の見直し」をかかげた人たちです。でも「南京大虐殺」がなかった、ということを主張することが、その人たちのほんとうの目的だったのではない。彼らは「戦後」の「歴史観」のかわりに、「自国の歴史的連続性（＝日本はずっと変わってないよ、いい国だよ）を強調し」（L28）、過去（＝既往）の日本も今の日本も「肯定する歴史観」を若い世代に与える「歴史教育」を、勝ち取りたかったのです。どうして？　さっき書いたように、「歴史教育」こそが「共同体」を作り上げるからです。だから「歴史の見直し」をしたかった人たちの最終的な目的は、「共同体（＝日本国）」の再編成です。「国民一人ひとりの国家への強固な帰属意識を効率よく調達すること」（L30）です。「ナショナルヒストリー（＝国家や民族の歴史）」ということばがL31に出てきますが、まさに「歴史の見直し」によって、「ナショナルヒストリー」をリニューアルし、「国家という『共同体』の自己同一性《アイデンティティ》（＝確かさ）」を「確保」し、現在の日本のありかたが「正統」であることを示したかったのです。また、こうした「歴史の見直し」をかかげた人たちは、「歴史」＝「国家の来歴の物語」（L36）こそが「共同性」や「共同体」を作ることを見抜いていたという点で「明晰」であり、それを自覚して行ったという点で「新し」いと筆者はいっています。

## Ⅱ 記憶の記述を拒否する動き（L38〜L56）

先に「戦後」の「歴史観」に触れましたが、この「歴史観」は戦前とは違う歴史を考えようとしました。でもその中で、たとえば「従軍慰安婦」の存在を見過ごしてきました。だから、そうした「戦後的歴史観への批判」（L38）が行われました。これは「自国中心的な歴史叙述」（L40）に対する批判でもあったので、日本の過去と現在を「肯定する」「歴史の見直し」をかかげた人たちとは「逆の立場」です。

こうした立場は、一見よさげに見えます。でもこういう立場の歴史家は、たとえば「従軍慰安婦」になった女性に聞き取り調査もするでしょう。「従軍慰安婦」になった、あるいはさせられた女性にとって、その体験は忘れたいことのはずです。なのにそれを明るみに出そうとする。そうした中から、「悲惨な体験を潜《くぐ》り抜けた生存者のトラウマ（＝心的外傷）的記憶が歴史の物語的記述」によって表現されていくことを、拒む動きが出てくるのは当然ともいえます。この拒否は、「歴史」が結局「共同」的なものであり、個人的な体験を真に「表象」（L42）することには「限界」があると考えるからでしょう。

ここには「戦後」の「歴史観」に関わって二つの方向が見えます。一つはⅠで見たように、戦前から続く「日本」の正しい歴史（＝「国民の正史」（L46））を書き、「ナショナル（＝民族的、国家的）な共同性の強化」をはかり、そうした「歴史」に対して疑問を抱く「他者の声」をシャットアウトするもの。もう一つは今述べたものです。つまり結局「歴史叙述」というのは都合の悪いものや苛酷な体験に含まれる個人的なものを隠し、抑え込む（＝「隠蔽・抑圧」（L47））ものだという「歴史」への不信感から、「歴史」一般を拒絶する態度」です。どちらも「歴史」を作られた「物語」と見る点では同じなのですが、それを利用しようとする者とそれを拒絶する者は、川岸のこっちと向こうのように隔たっているのです。

こうした事態の中で、声を出して訴えることをしない「トラウマ的記憶（＝「前者」（L50））」が、一度作られるとなかなか変えられない「歴史＝物語」（＝「後者」(L51)）を揺り動かし（＝「流動化」）、あらたに「物語り直してゆく」ことや、「前者が後者に隠蔽される」ことのない「関係」を作ることができないかが考えられました。そして一九九〇年代後半から、そうした「困難な課題」に対する「アプローチ」が行われていったのです。

## Ⅲ 文学の働き（L57〜ラスト）

そうした中で、「歴史」と違う「領域」にあるとはいえない「文学」の働きも考えられていきます。いくら客観的だと歴史学がいっても、「歴史」がことばで記される「修辞学的《レトリカル》（**語句**「レトリック」参照）」なものであり、「プロット」（＝筋立て）や「イメージ」に頼るものであるかぎり、「文学」との近さを避けられません。

そして「文学」には「歴史」と「共通の社会的機能」(L62)があるのです。それは、「国民国家（＝近代において、同じ民族をもとにして作られた国家）」がひとくくりにした人々に、同じ「国民」ですよ、という意識を植えつける役割です。この「国民」は仲間ですから、「われわれ」(L64)と**イイカエ**てもいいでしょう。もちろん「われわれ」ができれば、そこから排除される他者が作られます。自分たちと違う他者をのけ者にした「われわれ」は、「無垢《ナイーブ》（＝けがれのない、純粋な）で亀裂のない（＝一体である）心性の共同体」(L67)となるのです。島崎藤村も「浪花節《なにわぶし》につながる江戸期の口承文学」も、意図したかどうかわかりませんが、日本人の「共同性」を作り上げてきたのです。そしてこの文学の役割は、新聞などの「マスメディア」と関わりながら拡大されてきました。

**ひとこと要約**

歴史は国民の一体感を作り出す。

**200字要約**　満点30点

[a]九〇年代の「歴史の見直し」論は、共同体の記憶を「国家の来歴の物語」として提示することで、[b]自覚的に国民国家の成員の帰属意識を強固にしようとした。これに対し、[c]悲惨な体験へのトラウマ的記憶が「物語」に回収されることを拒絶する言説も生み出された。こうした中で、[d]トラウマ的記憶をかろうじて伝達するための方途を見いだす困難な課題に対する取り組みが行われ、[e]文学が「国

7

民」意識を創出してきたことにも目が向けられた。（199字）

＊bは、「歴史」は「共同体」の形成に関わる、という内容があればよい。

＊「自国中心的な歴史叙述の反省」はcとして3点。

＊dは、「トラウマ的記憶に声を与え物語的記憶に置き換えるという課題にアプローチする」なども可。

＊eは、たんに「文学が歴史イメージを再生産する」は3点。また、たんに「文学の機能にも目が向けられた」や、最終段落の具体例のみは不可。

a・b・c・d・e…6点

## 設問ナビ

**問1　漢字問題（書き取り）**

解答　㋐顕在　㋑醸成

**問2　内容説明問題**

「一九九〇年代」における「記憶の内戦」（L4）と呼ばれた「歴史」論議については、「**問題文ナビ**」のⅠの部分に書かれています。その中心となったのは「歴史の見直し」を進めようとする人々ですが、かれらは〈①　**表面的には、「共同体」レベルで記憶されるべき史実の選別をめぐって争った**（L10）〉が〈②　**ほんとうは、「歴史教育」を変えることで、「国家への帰属意識」の強化をねらった**（L30）〉人たちです。関西大学の設問は傍線がないので、こうした設問は内容合致問題と同じと考えて、消去法でもいいですが、cの前半が①と一致します。cの後半はL13などのことばを使って、「内戦」状態を説明したもので問題ないです。だから**cが正解**。

aは「史実が『実在』したのかどうかを検証」という部分が、史実の「実在」（L7）よりも、「史実の選別」（L10）が対立点だったことと×。bは「歴史と個人の記憶を切り離そうとする立場」が問題文にナシ。この「立場」が**L44**の記述を「拒否」する立場を指すとしても、それは「歴史」そのものの「拒否」であり、史実をめぐる、**L4**の「記憶の内戦」や**L11**の「内戦」とは異なります。dは「歴史教科書を『国民的史書』と見なすことの是非」が①と×。もともと歴史教科書は「国民的史書」（L8）です。eは「いかにして正確な記録を残すか」が争点だったという説明がやはり①と×。

解答　c

## 問3　内容説明問題

「歴史を無造作に『集合的記憶』ないし『共同的記憶』と見なすこと」の「危険性」については、L15で述べられています。「危険」なのは、〈① **個人の「心理的・言語的過程としての『記憶』作用を集団にまで拡張して想定することにより」、「共同体」が個人に先だつ「実体」としてあると考えること**〉です。こうした考えが、〈② **「共同体」を作り上げる「歴史」の働きを無視して、「共同体」があって、そのあと「歴史」が語られるという誤った考えかたを生み出します**〉。なので、〈③ **共同体の形成は、歴史の共有によって可能になることを確認すべき**(L19)〉なのです。

こうした内容と一致しているのはdです。dの「それを避けるためには」以下が、設問文が問うている危険回避策(＝③)です。どの選択肢も冒頭部分が同じなので、

**梅POINT　各選択肢が同様の内容を含む場合はそれぞれで違う部分に着目すべし。**

aは「個人と集団との人格分裂を引き起こす危険性があり」という部分がナシ。問題文では「日本社会の人格分裂」ということばが、個人と共同体をマゼコゼにする例として使われているだけです。bは「歴史を個人の記憶とは切り離して構想する」という部分が問題文に書かれていないことです。cは、「『歴史』が、特定の個人を記憶の主体として構想されるという危険性」以降の内容が①・②と食い違うし、問題文にも書かれていません。eの「個人的な記憶の再生産と忘却を『共同体』の『歴史』に反映させてしまう危険性」が①・②と×だし、「避けるためには」以降も問題文とズレています。それに、「共同体」はもともと「記憶と忘却の共同体」(L24)です。

**解答**　d

## 問4　内容説明問題

「新しさ」という語がL37にあるので、そこに着目しましょう。すると「新しさ」は、「そうした自覚的＝確信犯(＝ある自覚や確信をもって犯罪を行う者)的姿勢」です。そしてこの「そうした自覚的＝確信犯的姿勢」とは、〈「国民国家」が「自然」な「共同体」でありえないのだから、「共同性」は「国家の来歴の物語」＝「歴史」で作る

しかない、とわかってやっていたこと〉（L35）を指してい
ます。これは筆者がいうように、「共同体」は「歴史」が
作り出すものだ、ということをわかってやっているので、
ある意味「明断」ですが、〈① **そうした「歴史」につい
ての考えかたを「自覚」して「共同性」を作ろうとした
という点が「新しい」〉**ということなのでしょう。

また設問は、「歴史の見直し」をかかげた人々の「ねら
い」についても問うています。「ねらい」とL26の「意図
するところ」が同様の表現なので、ここをつなげられれ
ばかれらの「ねらい」がわかるはずです。そしてこの部
分は**問2**の②の内容です。なので正解は右の①と**問2**の
②を含む**d**です。L26～L36の表現を使ってくれている
ので助かりますね。「国民を統合する」という部分は「共
同性」を作るということですから、①と一致します。「正
しい」に引っかかった人もいるかもしれませんが、「来歴
を語る歴史」が共同性をもつ「共同体」を作ることは、
L19で筆者もいっていることなので、問題ないです。

**a**は「歴史教育を一新した」というのが×。かれらは
そうしたかったでしょうが、「した」とは問題文に書かれ
ていませんし、①の「新しさ」の内容と違います。**b**の
「国民全体を巻き込む議論を引き起こしたところ」、**c**の
「強権性を感じ取らせないところ」が、それぞれ「新し
さ」＝①に一致しないし、問題文にはない内容です。

**e** チョイマヨ は「国民国家が自然的な血縁・地縁の共同体で
ありえないことを自覚していたところ」が「新し」いと
いっています。でもこれでは、「歴史」で「共同性」を作
り出す、ということに触れていないので、「新しさ」の中
身の説明が不十分です。また「自国中心的」という語句
も、この設問で問われている「歴史の見直し」を進めよ
うとした「人びと」とは関係のない、L40で使われてい
ることばで、この「人びと」をきちんと説明できる語句
だとはいえません。この「人びと」は、国民国家は自然
な「共同体でありえない」（L35）と考えたから「歴史」を
用いて共同性を作ろうとしましたが、一方「国民国家日
本を自明の統一単位とする」のが「自国中心的」だから
です。「国民国家」に対する考えかたが違います。

ムズ 解答 d

## 問5 内容説明問題

「トラウマ的記憶」の話は問題文の*L*38〜*L*56にあります。そこには、

> ① **「トラウマ的記憶」が歴史の物語的記述になることを拒む言説が生じた**
>
> ② **「トラウマ的記憶」が「歴史」＝「物語」を流動化させ、両者のあらたな関係を作りうる**

ということが語られています。とくに②の内容、*L*50・51に一致するのがeです。**a**は、「日本史を専攻する歴史学者」によって「史実性が再検討され」たのは、「トラウマ的記憶」についてではなく「自国中心的な歴史叙述」ですし、「トラウマ的記憶」が「歴史の物語的記述に影響を与え」たという話もナシ。**b**は、「拒否」する対象が、「歴史」を「共同性の強化のために利用する構想」になっていますが、「拒否」するのは「歴史の物語的記述に回収されること」（*L*43）なので×。**c** チョイマヨは、「トラウマ的記憶」が、「『国民の正史』の構想」と「『物語』としての歴史一般を拒絶する態度」によって「隠蔽される」と説明している点が×。「隠蔽」は「歴史叙述」（*L*40）や「歴史＝物語」（*L*50）によってされるのです。**d**は「回収」されると新しい「関係」が生まれる、というのがおかしいです。①に書いたように、歴史の物語的記述への「回収」は「拒否」されるのですから、新しい「関係」は作れません。

ムズ 解答 **e**

## 問6 内容説明問題

「問題文ナビ」のⅢの部分をまとめる設問です。先にも書いたように「歴史」と「文学」はともに「共同性」を作り出す働きをするのでしたね。なのでこのことをきちんと説明している**cが正解**。「われわれ」は、「共同性」や「共感」（*L*64）によってつながった人々です。

**a**は、「文学」が「語りえない出来事の記憶」を描くものだという説明が問題文にないし、そうした「文学」を「歴史」が「補完」するということも書かれていません。

**b** チョイマヨは「ジャンル的には区別される」とありますが、「ひとまず両者のジャンル的区別を認めたとしても」（*L*61）、「共通点」があり、「異領域のものではない」（*L*58）とあるように、筆者は「歴史」と「文学」の「ジャンル」分けはむずかしいと考えています。**d** チョイマヨは**b**と反対

に「同一の領域に属する」といい切っている点が、「ひとまず両者のジャンル的区別を認めたとしても」(L61)と食い違います。つまり**b**・**d**みたいに断言はできないのです。それに「文学」は「虚構(=作りもの・フィクション)」といえますが、「特定のプロットから意味を引きだし」(L59)という部分と、「歴史」が「虚構のプロットから特定の意味を引きだし」という説明は同じとはいえません。この説明では「歴史」が「虚構」をもとにしていることになりますが、そこまでは断定できません。**e**は、「超地域的な『日本語』」を使ったのは、「江戸期の口承文学」で、「両者」ではありません。また「拡大・強化されてきた」のはラストの文の主語「構造」です。「文学と歴史叙述」の「影響力」そのものではありません。

**解答** c

## 問7 漢字問題(選択肢型)

ⓐは「看過(=見過ごすこと)」で**正解はd「看病」**。

**a**「召喚」。**b**「観念」。**c**「交換」。**e**「完了」。

ⓘは「遂行(=なしとげること)」で**正解はe「未遂」**。

**a**「推挙(=ある人をその地位につけるようにすすめること)」。**b**「抜粋」。**c**「衰弱」。**d**「自炊」。

ⓤは「遮断」で**正解はb「遮光**(=光をさえぎること)」。**a**「反射」。**c**「謝絶(=断ること)」。**d**「容赦」。**e**「捨象(=個別的な特徴を切り捨てること)」。

ⓔは「布置(=物を配置すること)」で**正解はc「布教」**。**a**「普及」。**b**「付(附)属」。**d**「赴任」。**e**「扶助(=力を貸すこと)」。

ⓞは「期」。「期せずして」で〈思いがけなく〉という意味。**正解はe「期間」**。**a**「基幹」。**b**「既(季)刊」。**c**「帰還」。**d**「機関」。

**解答** ⓐ d ⓘ e ムズ ⓤ b ムズ ⓔ c ⓞ e

## 問8 内容説明問題(記述式)

「文学」のことを問うているので**問6**とダブります。
**p.33**でいったように、**記述問題では、傍線部の理解と設問文への着目がスタート**でした。この設問には傍線がないので、まず、「国民国家」における「役割」という設問文に着目してください。「文学」は、「国民国家」でどんな役割をするのか、が問われているのです。そしてつぎに、〈① **文学は「共通の歴史・言語・文化を共有し、相**

**互に共感することのできる『われわれ』という意識を醸成する（＝作り出す）」〉**「役割」（L65）があるという部分とつなげられたらナイス。ただし、この「われわれ」という表現はわかりづらいので**「『国民』を創出する」**（L63）などを使ったほうがいいでしょう。この部分も「機能」という「役割」と似た表現が用いられているところですから、使ってもいいですね。

さらに「文学」ということばを意識すれば、「文学的表現を媒体に歴史イメージを生産／再生産することにより、集団の共同性が調達／更新される」（L68）という部分が目に入ります。この部分の最後は①と同じことですから、①にない内容を考えると、**〈② 「文学的表現を媒体に歴史イメージを生産」すること〉**が解答にプラスされるといいとわかります。これも「国民国家」という共同体を作り出す「歴史」を生み出すのだから、「国民国家」において「文学」が行う「役割」です。ただ「文学」の「役割」を問われているので「文学」ということばを使うのは避けたいです。「文学」ですから「言語表現を通して」などとすればよいですが、でもそうすると①の「言語」と重なるし、「歴史・言語・文化」と並べるのはダラダラした感じになります。「言語」は「文化」とつながりますから、「文化」にまとめましょう。そして解答例のような内容が書ければOKということになります。「文学」と「歴史」は似ているのですが、「文学」について問われているので、最終段落の表現を使ったほうがいいです。

**ムズ 解答例**

**言語表現によって[a]、歴史のイメージや文化を共有し共感できる[b・c・e]、国民という共同性を生み出すという役割[d]。**（48字）

**採点のポイント**

a 言語表現によって…1点
b 歴史のイメージを共有する…2点
＊たんに「歴史を共有する」は1点減。
c 文化を共有する…1点
＊「歴史・言語・文化を共有」を用いたものは、a・b・cで3点。
d 国民という共同性を（おのずから）生み出す…4点
＊「国民（国家）」がないもの、あるいは「われわれ」を用いたものは2点減。
e 国民は共感できるもの同士だ…2点

8 評論

# 『異端の時代』

学習院大学（改）

別冊（問題） p.66

## 解答

| 設問 | 解答 | 配点 |
| --- | --- | --- |
| (一) | Ⅰ 融　Ⅱ 通 | 完答2点 |
| (二) | ア f　イ l　ウ p　エ b | 2点×4 |
| (三) | P 座　Q 至（到）　R 撃（打）　S 術 | 1点×4 |
| (四) | 4 | 4点 |
| (五) | 意義ある主〜ことを実感 | 4点 |
| (六) | 3 | 4点 |
| (七) | ① 善悪二元論的な世界理解　② 「声なき声」　③ 「サイレント・マジョリティ」 | 2点×3 |
| (八) | 1　7（順不同） | 4点×2 |

合格点 26点

／40点

ムズ (五)、(六)、(七)

## 問題文ナビ

### 語句ごくごっくん

L1 ポピュリズム…大衆迎合主義と訳されることが多い

L1 国粋主義…自国の伝統などが一番優れているという考えかた

L2 包摂…包み入れること

L4 イデオロギー…主義主張。社会などを支配する価値観

L8 アジェンダ…課題。議題。計画

L12 蔓延《まんえん》…（悪いものが）広がりはびこること

L15 正統…→ p.81 語句「正統」参照

L17 僭称《せんしょう》…勝手に高い地位や称号を名乗ること

L20 ビッグデータ…日々生じる巨大で複雑なデータの集合

L21 忖度《そんたく》…他人の心中を推しはかること

L22 フリーハンド…制約されず自由に行動すること

**L36 サイレント・マジョリティ**…積極的な発言・行為をしない一般大衆

**L55 二元論**…対立する二つの原理で、あることがらを説明しようとする立場

**L58 原理主義**…基本的な理念や原理原則を厳格に守る立場

**L60 市井《しせい》**…ふつうの町中

**L63 堪能《たんのう》**…十分に満足すること

**読解のポイント**

・ポピュリズムは多様なありかたをもつ政治的運動である

↓

・選挙で勝つと、民衆全体の代表だと主張する

↓

・そうした立場から、自己への批判を封じる

↓

・善を表明するポピュリズムが広がるのは、善に加わり、意義あることをしているという意識を一般市民に抱かせるからだ

↓

・ポピュリズムが批判を排除し、自分たちが民衆全体の代表だというとき、ポピュリズムの正統性はその内部から崩壊する

問題文は［＊］によって、ポピュリズムの性格を説明した部分と、ポピュリズムと民衆の関係について述べた部分に分かれます。なのでこれに従い、説明していきます。

## Ⅰ　ポピュリズムの多様なありかた（冒頭〜L44）

「ポピュリズム」は、大衆に迎合する（＝こびる）といわれることが多いです。ポピュリズムは大衆に受けるような課題を取りあげ、それによって勢力を伸ばしていこうと考えます。それはある意味どんな政党でも行うことであり、ポピュリズムも選挙で勝とうとしている点では、民主主義という枠組みを守っています。

ただそのありかたが、ほかの政党などと違うのは、ポピュリズムには、決まった主義主張＝「イデオロギー」

（L4）がないという点です。ですから国家を重んじる「右」翼的な「国粋主義」もあるし、人権や自由を守ろうとするリベラルな「左」翼や「進歩派」もあり、なかなか一つの定義にまとめられないのだと筆者はいうのです。今までの「イデオロギー」をかかげる者は、政治・経済から文化芸術まで、社会のあるべき姿を全体像として描き、民衆に示しました。ですがポピュリズムは、そのような全体的な構想をもたず、先にいったように、大衆に受ける、たとえば移民対策というような一点に課題＝「アジェンダ」を絞り、人々に賛否を問います。

　また、イデオロギーがないという批判をかわそうとして、そのときそのときに、なんらかのイデオロギーをもち出して自分たちの「世界観」（L9）をアピールし、自分たちに欠けている部分を補おうとします。かかげる課題はその時点で大衆の動向を見て決めるのですから、借りているイデオロギーもそのときそのときに応じて自由に変えることができます。ポピュリズムが定義しがたく、なかなか理解しづらいのは、〈あれ？　こないだと違うじゃないか？〉というふうに思わせる、あまりにも変わりやすい融通無碍《げ》（L11）な性格のせいだと筆者は考えています。

　そしてポピュリズムの広がりが社会を「分断」（L12）する結果になるのも、ポピュリズムが、ある特定のアジェンダに対して賛成するか反対するかの二者択一を求め、民衆を二つに分けてしまうからだと筆者はいいます。ポピュリストは社会に多様な価値が存在することを認めません。彼らは善と悪を明快に振り分けます。そして自分たちが選挙で過半数を握れば、自分たちは全国民の代表者であり、民主主義の正しさを受け継いでいる善そのものだというのです。するとポピュリズムに反対するものはすべて悪であり、今まで既得権益を欲しいままにしてきた既存の勢力は国民の敵だと見なされます。トルコのエルドアン大統領の「われわれは人民だ。あんたはいったい誰だ」（L16）ということばは、彼が人民の代表であり、自分たちと異なる「あんた」を排除し否定していることばです。つまり民衆を明確に二つに分断し、自らが人民の側に立つ正しいものであると述べている。それは自分を民衆全体だと「僭称する（＝勝手に名乗る）」（L17）ことであり、本来「異端」であるはずの存在が、すべての人民の代表であると語るという、ポピュリズムのありかたを具体的に示していると筆者はいいます。

　でも民主主義が成熟してくれれば、人々は自分の自由を自覚し、人々の価値観は多様化します。一人の人間においても、それぞれのことがらに対しての賛成と反対が微妙なものになります。そうした揺れ動く判断が数多く集められて、初めて〈社会にはこのような意思や考えかたがあるのかな〉と推測＝「忖度」（L21）することができるというのが現実だと筆者は考えています。つまりポピュリズムがいうような、単純な二者択一ではない世界が現実なのです。ですが、現代の選挙制度はそこまで細かく民意を測ることができないため、そうした現実の複雑さは置き去りにされ、いったん政権を握った人間たちは、自分たちの思い通りに社会を動かす力＝「フリーハンド」（L22）を手に入れてしまうのです。

　また一つの権力が巨大な力を握ってしまうことがどんなに恐ろしいことかは、二〇世紀前半の歴史が教えてくれました。だからこそ中心は複数に、権力は分散せよというバランスを取る仕組みが作られてきました。ですが、このこともポピュリストは気に食わない。せっかく民衆の支持を得ていいことをしようとしている自分たちを束縛するものにしか思えないのです。

　こうした抑制やバランスに対する反発は、知性（エリート）と権力が結びつくことを監視・批判する「反知性主義」（L26）と一つになって現れると筆者は述べています。こうした世の中の仕組みを作っているのは、知性をもつ一部の特権階級やエリートだ、と考えるからです。そしてポピュリズムも反知性主義も、大衆が公務員をバッシングするように、大衆の中にあると考えられているエリートへの反感を支えとしています。だからエリート嫌いのポピュリストは、服装もことばづかいも、自分たちがエリートや専門家ではなく、今までの政治家とは違うアマチュアであることを強調すると筆者はいいます。プロの政治家は「腐敗」（L29）した権力にしがみつき、「既得権益を守ろうとする」が、素朴な民衆はいつも彼らにだまされ、高い税金を払わされる被害者だ。そして自分たちポピュリストこそ民衆全体の利益を代表するものだと、自らを位置づけます。

　こうしてポピュリズムが民衆を代表するものとして権威を振りかざす「権威主義」（L31）者となり、自分たちを「批判」するものを封じ込めようとするのも、自分たちは

「民衆全体の利益代表者だ」という「全体性主張の論理」(L32)からもたらされるのだと筆者は考えています。〈民衆全体の代表なのに、文句あんの？〉ってことです。

ポピュリズムはこの「全体性主張の論理」に支えられているので、「たとえぎりぎりの過半数で」(L36)勝ったとしても、有権者を、積極的に発言や行動をしない「サイレント・マジョリティ」と見なし、彼らを自分たちに同調する人々と考え、自分はそうした人たちの声を「代弁」(L37)するのだから、それに反対する者は民主主義の敵だということにしてしまいます。善は自分たちだけ、というのは、かつてのナチスドイツのような、〈価値は一つ、ただ国家のみ〉という「全体主義」と同じようにも見える、と筆者は考えています。

## Ⅱ　民衆の宗教としてのポピュリズム（L46〜ラスト）

ポピュリズムには問題がある。それでもポピュリズム政党が選挙で勝てるのは、有権者がポピュリズム政党に投票するからです。ではそれはどうしてかという問いに、筆者は一つの考えを示します。それはポピュリズムが用いる善悪二元論にあるというのです。ポピュリズムの「善悪二元論」とは、「妥協を許さない」「原理主義」のように、なんでも、はっきり善と悪に分けて、自分たちは善だ！と民衆に示すことです。もともと善と悪は神が決めるものでした。政治もそうですが、善悪はそう簡単に判断できないからです。だからかつて「社会的な不正義（＝悪）」を正してほしいと思う人々は、教会や寺院に助けを求めたり相談したりしました。でも現代は「宗教なき時代」(L53)です。現代の人々は、今までの政治と違うと思えるポピュリズム政党に、「不正義」を正すことを求めます。つまりポピュリズムはいまや〈神〉なのです。筆者が「ポピュリズムの宗教的な性格」というのはこうした点を指しています。そしてポピュリズムに熱情をもって、民衆は「日頃抱いている不満や怒り」(L60)を訴えるのですが、そうした熱情をもち政治に参加することは、「自分にも意義ある主体的な世界参加の道が開かれていることを実感」させるのです。つまりポピュリズムは、民衆にも「自分は善だ」と思わせ、正しいことをしているという「正統性」(L62)の意識を与えてくれて、人々はその意識を「堪能」します。

こうしたポピュリズムと民衆の関係の中に、ポピュリズムが躍進する理由があるのです。

ですが、民主主義が多数決原理を採用しているとしても、投票結果は将来世代のような「時代を超えた」(L66)人間の声を含むものではありません。そこまで考えないとしても、現実の選挙が「多数者」の意見を反映しているでしょうか？　それは投票数の中の多数にすぎず、それは「全体ではなく部分」です。「全国民の排他的な代弁者ではない」(L67)というのは、選挙で選ばれ「統治」を行う者は、「部分」的な支持を得ただけであり、誰かを排除しうるような、全国民の意思を「代弁」する者ではない、という意味だと考えられます。だから彼がする政治は、「善悪」という「道徳」に関係する闘いでもないし、それゆえ彼や彼の統治に反対することが「不道徳」=〈悪〉だなんてことはないのです。もしこのことを忘れ、自分を善とし、民衆全体の代弁者だというならば、自分は正しいというポピュリストの「正統性」は、自分を善、全体だといい張るポピュリズム自体の嘘によって、ポピュリズムの内側から崩れ去っていくだろうと筆者は述べています。

## テーマ　政治と宗教

古代では、政治は、神や神と通じることのできる能力をもつ預言者などと密接な関係をもって行われていました。現在でもそうした関係は形の上だけにせよ、日本を含め世界各地で見ることができます。

ただ、現代は複雑で不可思議な事件が起きたりする不安定な時代で、人々の心は疲れています。そうしたときに善悪をはっきりと決めてくれる存在や、基本的な原理原則を厳格に守ろうとする宗教的な原理主義は、生きる方向やひとときの心の平安を与えてくれる場合があります。ですが、最近では、ポピュリズムと一部の宗教的な原理主義が結びつき、自らの野心やひとときの心の安定のために、それをおびやかす存在や少数者を排除する政治を支持する傾向が見られる気がします。宗教と政治の関係は、古くて新しい根深い問題です。

## ひとこと要約

ポピュリズムは自らを滅ぼしてしまう可能性がある。

## 200字要約

満点30点

[a]ポピュリズムは明確な主義主張をもたず、[b]多様で定義しがたいが、[c]特定の課題に関し賛成か反対かで有権者を

二分し、善悪を割り振る。そして[d]選挙で過半数を握ると、[e]自らを全国民の代表者だとし、[f]正統な善の体現者として、[g]自分たちに反対する者を敵と見なす。こうした[h]ポピュリズムの善悪二元論は宗教性を帯び、[i]一般市民にも正統性意識を堪能させるが、[j]部分でしかない者が全体を僭称するとき、[k]ポピュリズムの正統性は内部から崩壊する。(200字)

＊aは、「イデオロギー的な厚みが存在しない／全体的な将来構想をもたない」なども可。

＊bは、「ポピュリズムは定義しがたい／複雑だ」という内容があれば可。

＊cは、「二分」と「善悪に分ける」が必須。

＊fは、「正統（性）」と「善」が必須。

＊gは、「敵／悪と見なす／批判する」などがあれば可。

＊hは、「善悪二元論」がないものは1点減。

＊iは、「自分にも意義ある主体的な世界参加の道が開かれていることを実感する」でも可。

＊kは、「内側から／内部から」が必須。

a・b・c・e・f・i・j・k…3点／d・g・h…2点

## 設問ナビ

### (一) 四字熟語の知識を問う問題

「融通無碍《げ》」は〈考えかたや行動が、何ものにもとらわれず自由であること〉という意味。

**解答** Ⅰ 融　Ⅱ 通

### (二) 空欄補充問題

空欄[ア]には「ポピュリスト」が「認めない」ものが入ります。[ア]のあとにあるように、ポピュリストは「賛成か反対か」という「二分」法で有権者を分け、そこに「善と悪」を「明快に割り振」ります。このことを筆者は「善悪二元論」(L55)といっています。つまりすべてを二つに分け、その中間は認めないのです。つまり「二」より多い「多元」は認めないのです。よって**アはfが正解**。

空欄[イ]は、主語が「自分」ですが、この「自分」は前の文から「ポピュリスト」だとわかります。彼らは、どのような「支持」を得たと考える人たちか？　現実や事実じゃなく彼らの〈考え〉ですよ。彼らはギリギリで勝ったとしても、「全体を僭称する」(L17)のが「特徴」だと書かれています。また「民衆全体の利益代表者だ」(L30)とも書かれています。するとイには「圧倒」(的)とかが入ればいいでしょう。それに似た意味を表す語としてl「全面」が正解。

空欄ウ チョイマヨ は、エのすぐあとに「宗教的な熱情」とあるので「宗教」を入れられれば、すごく易しい問題なんですが、残念ながら選択肢に「宗教」はありません。ただこの「人びと」は「日頃抱いている不満や怒り」を「ぶつけ」(L61)ているのです。そして「正統性意識を堪能」する。だから社会のことなどを考えて「熱情」を注いでいるのではなく、あくまで自分の個人的な感情から、ポピュリズムに「熱情」を注いでいるのです。その様子を説明するにはp「主観」的が適切。なのでウはpが正解。

空欄エ チョイマヨ は、エの直後の「同根」ということばに着目してください。エのある段落の最後に「ポピュリズムは……宗教なき時代に興隆する(=さかんになる)代替宗教(=宗教の代わり)の一様態」だと書かれていることも併せて考えれば、「ポピュリズム」と「宗教」は取り替えっこできるくらい似ている、ということが「同」という語からわかります。そして「根」が同じ、ということは、見える部分では違うように見えても、深い「根」の部分ではつながっている、ということです。ものごとの深い部分に隠れているものを「本質」ということがあります。だからエにはbが適切です。取り替えられるくらい似ているのですから、d「部分」ではありません。根拠が見えなくて、選択肢を見て消去法で考えてもOK。

**解答** ア f　イ l　ウ p　エ b

## (三) 空欄補充問題

空欄Pは、政権という〈地位〉に就いたことを、イイカエられることばとして「座」が思い浮かんだらナイス。Qは、〈○○から△△までずべて〉、というときに「○○から△△に至(到)るまで」といういいかたを知っていればできましたね。Rの「狙い撃(打)ちにした」はわかりますよね。Sは、知る〈方法〉がない、ということだと考えて、漢字一字で〈方法〉と同じ意味になる「術《すべ》」を入れます。「由《よし》」も考えられますが、一般的には「知る由もない」と使うので、「術」の勝ち。(一)もそうでしたが、学習院はこうした知識問題が大好きです。

**解答** P 座　Q 至(到)　R 撃(打)　S 術

8

## ㈣ 傍線部の内容説明問題

傍線部Aの「借用物」が何か、がわかれば簡単です。借りてくるのは自分にないものです。ポピュリズムにないのはなんでしょう？　このことについては、「ポピュリズムにはそもそもイデオロギー的な理念の厚みが存在しない」(L4)と書かれています。また傍線部の前に「イデオロギーに仮託（＝理由にする。口実にする）して世界観的な厚みの欠如を繕おうとする」とあります。この「仮託」の使いかたには少し悩みますが、直後の内容と合わせて考えれば、〈なんらかのイデオロギーを表面的に使って世界観の欠如をおぎなう〉という意味だと考えられます。するとポピュリズムに欠けているものは、「イデオロギー」と「世界観」だとわかります。すると**4が正解**になります。4の「厚みを変化させ」というのは、〈厚くする〉ということ、「社会……姿」＝「世界観」です。1は、後半が問題文にナシ。2は、「価値観を多様化させる」が、**㈡のア**に「多元」を入れ、ポピュリズムが多様な価値を認めないという内容にしたことと食い違います。3は、「反知性主義に反発」が×。ポピュリズムは「反知性主義と一体になって」「抑制や均衡」に「反発」(L26)するのでした。5は「不特定」が×。「アジェンダ」は「特定の」(L8)ものです。

**解答 4**

## ㈤ 傍線部の理由を抜き出す問題

設問は、なぜふつうの市民がポピュリズムの波にさらわれてしまうのか、つまり飲み込まれてしまうのかが問われています。**理由とは主語のもつ性質や性格の中に探る**のでした。また形の上の主語だけではなく、内容を変えずに主語になりうるものの性格も考えるのでしたね。この傍線部Bの文の主語は「市民」ですが、「ポピュリズムの波が市民をさらう」と**イイカエ**ても内容は同じです。つまり傍線部は、市民とポピュリズムの関係を説明しているのです。ですから市民とポピュリズムの関係の中にその理由があるはずです。

ではまずポピュリズムが民衆にどのように関わるかが書かれている箇所を見ていきましょう。たとえば「有権者を二分し、……善と悪を明快に割り振る」(L13)、「民衆は……被害者だ、そして自分こそそういう民衆全体の利益代表者だ」(L29)という部分が、ポピュリズムと一般の市民との関係を述べた部分ですが、ポピュリズムの一方的な言動であり、市民がどのような反応をするかについては直接書かれていません。

そこで今度は市民の側がポピュリズムに関わる様子が書かれているところを見ていきましょう。すると最後から二つ目の段落がそれに該当します。「市井の人びともこれ（＝ポピュリズムの宗教的な二元論）を歓迎する」という部分が市民とポピュリズムとの関係を示しています。そしてつぎの文には「善悪二元論的な世界理解は、日頃抱いている不満や怒りを、たとえ争点とは事実上無関係であっても、そこに集約させてぶつけることができるからである」と書かれています。ただし、

**梅POINT　抜き出し問題は、設問文にヒントや手がかりがあると心得よ。**

です。だから、この設問では、①ちょうど二十六字の語句であること、②「できるため」に続く形であること、この二つの条件をヒントにして考えなくてはなりません。今引用した部分は、最後に「できるから」とあり、理由になりますが、①・②の条件をクリアできません。

そのつぎのところはどうでしょう？「それによって人びとは、自分にも意義ある主体的な世界参加の道が開かれていることを実感する」というところです。主語が入りませんが、「意義ある……実感」までなら、①・②の条件をクリアできます。「実感できるため」「さらわれてしまう」というように、**傍線部とのつながり**も大丈夫だし、もちろん**理由**になります。これを一つの候補として、つぎにいきましょう。「ポピュリズムは一般市民に『正統性』の意識を抱かせ、それを堪能する機会を与えているのである」という部分。こんなところにポピュリズムの側が市民に関わっている様子が隠れていました。理由になりえますし、「『正統性』の意識を抱かせ、それを堪能する機会を与えて」で二十六字ですが、②の条件がクリアできない。

最後に「人びとは、匿名であるままに、みずからを安全な立場に置いた上で、この正統性意識を堪能することができる」という部分。「安全な立場に置いた上で、この正統性意識を堪能することが」と抜き出せば理由になり、②はクリアできますが、字数が二十七字です。すると「市民」という主語がありませんが、傍線部に「市民が」と

あるので、それにつなげれば、意味がわかると考えて、「意義ある……実感」の部分を解答とするしかありませんね。

ムズ **解答** 意義ある主～ことを実感

## ㈥ 傍線部の内容説明問題

傍線部の内容説明問題では、まず**傍線部自体の意味を考える**のでした。

傍線部**C**の「正統性」は、*L*14にあるようにポピュリズムが選挙に勝ったとき、自らを「民主主義の正統性をまとった善の体現者」だと位置づけることで得るものでした。つまりまず傍線部はポピュリズムのことをいっているのだということを確認してください。そして傍線部の「内側から」ということばは、「正統性」をもっているとするポピュリズムの「内側から」という意味だと考えられます。つまり傍線部は〈ポピュリズムのもつ正統性が、ポピュリズムの内部から少しずつ壊れていく〉という意味です。

ただこの「内側から」という表現がどのような意味なのかが、もう一つよくわかりません。

**傍線部の内容説明問題では、傍線部だけではなく、傍線部前後のつながり＝文脈を見ることが大事**でした。ですから傍線部の前を見てみましょう。するとそこには、「統治」を行う者は「全体」の代表ではありえないこと、そしてポピュリズムが善と悪に世界を二分したけれども、統治は、道徳的な善悪の戦いではなく、したがって統治者に反対することも道理のあることであり、悪ではない、と書かれています。このことを無視し、部分でしかない統治者が自らを全体の代表者であるかのように名乗れば、傍線部の「蝕《むしば》まれる」状態が引き起こされるのです。ここでいわれている、全体を名乗る＝「全体を僭称する」（*L*17）のはポピュリズム＝「異端の特徴」でした。

このことからも傍線部がポピュリズムのことだと確認できます。

これをふまえて「内側から」という意味を考えてみると、そもそも「正統性」はポピュリズム自身が自らに与えたものでした。でも自ら、自分は全体の代表者だと嘘をつくことで、彼らが善であり「正統性」をもつという道徳的な価値づけは疑わしいものになります。つまりポピュリズムは外部からの批判によって崩れていくのではなく、自らが虚偽を行っているために自分を崩壊させていくのです。これが傍線部の「内側から」という意味だと考えられます。すると「一部の意見を全体的な意見であるかに見せる政治手法」という部分で、傍線部直前の、ポピュリズムの「内側」にある〈全体の僭称〉を説明し、それが「自らを善とする根拠を喪失させてしまう」と傍線部を説明している**3が正解**となります。ポピュリズムは「正統性をまとった善の体現者」であり、傍線部の前でも「道徳」の話題が出ていましたから、傍線部の「正統性」を「善」と**イイカエ**ても問題はないです。

意味のわかりづらい選択肢が多いですが、**1**は「妥協」がまず×。一般の政治では「妥協」（L55）がありますが、ポピュリズムは「原理主義へと転化しやすい」（L58）のですから、「妥協」はしませんし、「宗教的に」以下も問題文にナシ。またポピュリズムは、本来「宗教」ではありませんから、「宗教的には全体的な意見の変更とみな」すのは、ポピュリズムの〈外部〉の人だということになります。すると「内側から蝕まれる」という傍線部の内容や表現と食い違います。**2**も、「すべて宗教的に不道徳なものと判断」するのは、〈外部〉の側で、**1**と同じ理由から正解にはなりません。**4**は、「一度限りの民意」が「永久に変わらぬ宗教的真理」とつながるということが問題文には書かれていませんし、傍線部の内容とも関係がありません。**5**は「救済」ということがまったく傍線部と関係ないし、問題文にもナシです。

ムズ　**解答　3**

## (七) 空欄に入れる語句を抜き出す問題

これは学習院のお得意の問題で、いつも受験生を悩ませる、むずかしい問題です。まず空欄①から考えましょう。

①は、ポピュリストが反対者を「敵として除外」するときに「利用」するものです。当然、ポピュリストの〈武器〉となるものです。「敵」ということばは、L16に登場しますが、その際ポピュリズムは善と悪を分け、自分は「善の体現者」だとして、自分たちに反対する者を「敵」と見なすと書かれています。つまりここでは「善悪二元論」がポピュリストの〈武器〉です。この「善悪二元論」は「悪に対する善の闘争」（L57）というスケールの大きい「宇宙論的」ともいえる「宗教的な二元論」にもなります。今引用した部分は字数条件に合いませんが、「善悪二元論的な世界理解」（L60）ならちょうど11字ですし、やは

8

りポピュリストが敵を作り出す〈武器〉ですから、**①は「善悪二元論的な世界理解」**でキマリ。

空欄②と③は、②の「持ち主たち」を③に「仕立て上げ」るのですから、結局同じような存在です。そしてポピュリストは、②や③を「代表する」者です。ではポピュリズムはどのような人々を「代表」するのでしょうか？　もちろん「民衆全体の利益代表者」（L30）なのですが、とくに「有権者をすべて『サイレント・マジョリティ』と見なして自己への同調者に算入する」（L36）。それによって「国民の声を代弁する」ことで「反対者」を「圧倒する」（L38）と書かれています。これは「反対者」を「少なく見せ」、「全国民の代表者」になれる**理由**を問うている設問にも密接に関係する部分です。そこで字数条件を考えて、**③に「サイレント・マジョリティ」**を入れれば、③のあとにもつながります。最後の②がやっかいですが、②は「特に意見を持たない」人たちです。そして②は③と同じような人でした。「サイレント・マジョリティ」は直訳すれば、〈静かな多数者〉です。意見をもたないのか、意見があってもいわないのか、わかりませんが、とにかく政治に対する態度をはっきり示さない。だから「静かに自分を支持してくれている人びと」（L42）などと政治家に都合のよいように定義されてしまう人たちです。先に引用した部分に「国民の声を代弁する」とあったことを思い出してください。意見をいうことを〈声をあげる〉と表現することがあります。つまりポピュリストは、〈民衆が「サイレント」＝静かだから、自分たちが彼らの代わりに彼らの声を政治に届けるんだ〉というのです。すると「サイレント・マジョリティ」や②の人たちは、「特に意見を持たない」と設問文には書かれていますが、ポピュリストにとっては、〈声に出すほどではないけど何かいいたいとは思っている人たち〉だということになります。それでなければ、ポピュリストも彼らの「声」を聞き、代弁できませんからね。そうした〈とくに声に出さないけど、心のうちに抱えているもの〉をいう表現として「『声なき声』」（L56）があります。これはかつてよく政治家が使ったことばですが、この部分でもポピュリストが「全国民の『声なき声』を代弁する」と書かれていますから、ポピュリズムが「国民の代表者」になりえる**理由**になります。「サイレント・マジョリティ」とも意味的に合致し、カギカッコなどを含むというのが設問条件ですから、ちょうど「6字」になります。よって②は「声なき声」です。

ムズ 解答 ① 善悪二元論的な世界理解 ② 「声なき声」 ③ 「サイレント・マジョリティ」

(八) **内容合致（趣旨判定）問題**

**1**…第一段落の最後の二文と、第二段落第一文（L7）と対応します。なので**1が一つ目の正解**。

**2**…ポピュリストには「権力を分散させ」るという仕組みが「鬱陶しい」（L24）と書かれています。よって「ポピュリスト」が「権力を分散させ」ようとするという説明は間違いで問題文と×。ワースト1。

**3**…投票の「結果を尊重することが道徳的に正しいこと」だというような内容は問題文に書かれてません。

**4**…**L26**にポピュリズムは「反知性主義と一体」であり、「どちらも」、「エリートに対する大衆の反感を梃子《てこ》にした勢力だ」と書かれており、「ポピュリズム」だけが「エリートに対して反感を持っている」という説明は×。ワースト1。

**5**…**L21**に「現代の投票制度は」、「きめ細かく民意を問うようにはできていない」とあり、「重層的な判断を集積できるのが投票制度」だという説明は問題文と食い違います。これもワースト1。

**6**…**L32**に登場する「ベルルスコーニ」は、「ポピュリズム」が「批判的機能を封殺しようとする」例です。ですから「ベルルスコーニ」が「ポピュリズムを批判」することはありえません。ワースト1。

**7**…「ポピュリストの発言は、原理主義へと転化しやすい」ということは**L58**に書かれています。またそのあとには「人びと」も「これ（＝宗教的二元論であり、原理主義的なポピュリズム）を歓迎する」とあり、その理由の一つとして「日頃抱いている不満や怒り」を「ぶつけることができるから」だとも書かれています。なので**7は正解**です。

**8**…「既成宗教が弱体化して人びとの発言を集約する機能をもたなくなった」（L51）と書かれており、「宗教的な組織」が「再びその力を取り戻しつつある」とは本文に書かれていません。ナシで、ワースト2です。

**解答** 1・7

9

評論

# 『ポストモダンの正義論』

青山学院大学（改）

別冊（問題） p.76

## 解答

| 問一 | 問二 | 問三 | 問四 | 問五 | 問六 | 問七 | 問八 |
|---|---|---|---|---|---|---|---|
| イ | オ | オ | 各人をその〜したりする | ア | ウ | エ | ウ |
| 2点 | 5点 | 5点 | 5点 | 5点 | 6点 | 6点 | 6点 |

ムズ 問五、問七

合格点 26点

／40点

## 問題文ナビ

### 語句ごくごっくん

L1 ポストモダン…近代的な価値観から抜け出ようとすること。脱近代

L1 主体…→p.72〈テーマ〉参照

L1 偏執…かたよった見かたにこだわって他人のいうことを受けつけないこと

L7 概念…→p.25 語句「概念」参照

L8 虚構…つくりごとの世界。フィクション

L9 客観的…→p.81 語句「客観」参照

L9 普遍的…→p.25 語句「普遍的」参照

L12 アイデンティティ…→p.14 語句「アイデンティティ」参照

L13 合理性…→p.58 語句「合理的」参照

L17 絶対的…ほかの何者とも比べられず、ほかと取り替えがきかないこと。ダントツ

L28 共同体…→p.14 語句「共同体」参照

L32 正統…→p.81 語句「正統」参照

L32 啓蒙《けいもう》…人々に知識を与え、教え導くこと

L46 **メタレベル**…あるものを超えたレベル
L48 **弁証法**…相反するものが、一段高い次元で統合されること
L52 **思弁**…純粋な思考
L52 **信憑性**《しんぴょうせい》…証言などの信用できる度合い
L58 **享受**…受け入れて味わい、自分のものにすること

**読解のポイント**

・ポストモダン化する社会では多くの近代的価値観が疑問視される
↓
・近代の科学的知の権威も失われていく
↓
・テクノロジーに支えられ、現代人は自分の小世界を生きていく

問題文は、近代のつぎの時代であるポストモダンの社会で、近代的な価値観が疑いの目で見られるようになることを述べているのですが、それを「歴史」に重点を置いて述べた第1ブロックと、「科学的知」について述べた第2ブロック、そしてテクノロジーの発展と現代人の生きかたとの関わりについて述べた第3ブロックというふうに、話題によって三つに分けることができます。この分けかたに従って、問題文を見ていきましょう。

## I　ポストモダンの社会（冒頭～L18）

**テーマ　近代―合理主義と個人主義**

まず最初に〈近代〉という時代について確認しておきます。思想の歴史では近代の始まりをルネサンス（人間復興）に置くことが多いです。それはルネサンスが、中世の神に代わって人間が世界を支配する＝人間（中心）主義の時代の幕開けだったからです。つまり〈近代〉とは人間が世界の中心だと考えた時代です。そこでは科学などを生み出す人間（＝主体）の理性が尊重されました。**合理主義**＝すべてを理性で説明しようとする考えかたの登場です。

また市民革命などを経て、個人の自由が求められたこともあり、近代は**個人主義**＝集団よりも個人の意志や主体としてのありかたを尊重しようとする考えかた、が大きな力をもちます。合理主義と個人主義、この二つが近代思想のビッグ2だということをまず理解しておいてください。

「近代」という時代は、近代の主体性重視の思想に影響された「近代的主体たち」が、人類の「進歩」を合いことばに、主体的に一つの方向を目指して進んだ時代でした。近代は〈**テーマ**〉に書いたように、合理主義と個人主義の時代ですから、そこでは理性や法則、主体性などが重んじられました。「歴史」も「客観的に観察し得る普遍的な発展法則に従って進行していく」（L9）と考えられた。

ですが近代的な価値観が揺らぎはじめ、近代的な価値観から人々が「自由」になり、「価値の多様化」がその特色となる「ポストモダン」の社会では、近代的な価値観が「虚構」や「共同幻想（＝みんなが一緒に見ていた幻想）」（L16）だったのではないか、という疑いが生じます。「歴史（＝**history**）」もまた、「客観的」なものではなく、語源通り「物語（＝**story**）」に近いものなのではないか、と考えられるようになります。

## Ⅱ 科学的知への疑問（L19〜L48）

人類や近代という時代を覆う「大きな物語（＝世界を語るための枠組み）」だったはずの「歴史」が、再び実は〈小さな物語（＝ある地域や共同体に伝わる話）〉にすぎないものになっていくと、「歴史」に何か人類共通の「目的」がある、などという考えかた（＝「歴史の目的論」（L21））も終わりを告げます。そして逆に小さな「物語（＝各共同体で言い伝えられてきたもの）」を形作ってきた「物語的知」が見直され、それと**対比**的に存在すると考えられる近代の「科学的知」が疑問視されてきます。この二つの「知」はつぎのようにまとめることができますが、「（言語）ゲーム」（L25）と呼ばれているのは、人々のあいだで行われることばのやりとりのことです。この点では「物語的知」も「科学的知」も同じです。

○物語的知
…共同体の中で太古から伝えられる
…共同体の統合や判断基準に関わる
⇔
●科学的知
…科学者集団によって担われる
…科学の正統性を証明し、人々を啓蒙する

近代は科学の時代ですから、もちろん「科学的知」を評価しました。ですが、実は「科学」が正しいこと（＝

「正統性」）は、科学の内部でしか通用しない。いくらある組織の内部の人が「自分たちのしていることは正しい」といっても、外部の人から見れば自分たちの都合のいいように考えているとしか思えませんね。科学の正しさも「実験」で証明できるといっても、その「実験」すること自体が正しいかどうかは、専門家（＝内部の人）にしかわかりません。ふつうの「言語」で外部の人にも納得してもらうには、ふつうの人がもっている判断や考えかたの仕組み（＝「物語の構造」）を「利用」（L43）するしかない。それは「科学的知」から見れば「非知（＝知とはいえないもの）」とも見える、人々の判断基準＝「物語的知」を通してわかってもらうということです。

そしてそういうことがだんだん見えてくると、実は「科学」も根拠のない「崇拝」という「物語（＝お話）」の対象だったことが「露呈」されてきます。それは「科学」が科学的な「物語」の上に成り立っていたということですから、それがほんとうに正しいのかどうかが、科学者仲間という次元よりも一段高い「メタレベル」（L46）から問われる時代がやってきたということです。

## Ⅲ テクノロジーと現代人（L50〜ラスト）

もちろん科学が疑われるとはいっても、現代の社会が「テクノロジー」によって支えられていることは明らかです。科学技術が近代の「進歩」・「歴史」を作ってきたのですから。でも現代の人々はテクノロジーを利用しながらも、「進歩」を「目的」とする「（大きな）物語」にはもう向かいません。人々はテクノロジーを「自分なりの生活スタイルを追求する」（L63）手助けとして使います。ネットなどの情報テクノロジーはとくに「情報収集」に役立ち、人々はそれぞれのやりかたで、自分の小さな「物語（＝できごとのつらなり）」をやりとりしています。その「それぞれ」のありかたは、価値観が分散するポストモダンの社会の姿そのものに対応しているのです。

### ひとこと要約

近代のあとの時代では、個々の価値観に基づいた小さな物語の世界が乱立する。

### 200字要約

満点30点

[a]価値が多様化するポストモダンの社会では、[b]多くの近

9

代的な価値観や理念が疑問視される。客観的な発展法則に従って進行すると考えられた「歴史」も大規模な物語にすぎないと見なされるようになる。また近代の科学的知も民衆の知である物語的知に依存することが明らかになり科学的知は相対化される。さらに人々はテクノロジーを、生活を豊かにする手段として利用し、自分の価値観に見合う個々の物語を見いだしていくようになるのだ。(200字)

＊aは、たんに「社会がポストモダン化する」は不可。
＊bは、「価値観」か「理念」のどちらかがあればよい。
＊cは、「客観的な発展法則に従って進行する」など「歴史」の説明がないものは不可。
＊gは、「自分に見合う」という内容がないものは2点減。
a・c・d・e・f…4点／b・g…5点

## 設問ナビ

**問一** **漢字問題**

「疑問に付される」で〈疑問として扱う〉という意味。

解答 イ

**問二** **傍線部の内容説明問題**

「主体」は〈自分の意志によって言動を決定する存在〉ですから、「主体化」とは〈自分の意志によって言動を決定すること、あるいはそのような人間になること〉です。その「主体化」に「近代的に」という語がついているので、傍線部1は**〈近代の時代の価値観に沿って自分の言動を決定する人たち〉**という意味になります。**これに最も近い内容はオ。**右にも書いたように、「主体化」には個々の意志で、というイメージがあるので、「共通」「共有」という語に少し戸惑った人もいるかもしれませんが、傍線部の人「たち」もそうした近代的な価値観を個人として選んでいるのです。最初から「共有」しようと思ったのではなく、時代の価値観として自分で選んだら、みんな同じものをもっていた、というふうに考えれば、「主体化」のニュアンスとズレることはないです。それほど近代の価値観は多くの人に影響を与えたということです。

**ア**の「ポスト工業社会」は「ポストモダン化」と**L6**で並列されているので、「近代」ではありません。**イ**は「近代」でなくても、いつの時代にも当てはまるので、傍線部の説明として不適切。**ウ**の「さまざまな価値観」もポストモダンの特徴。**エ**の「共同体」は「物語的知」を説明している部分（*L*24〜*L*30）に出てくるので、近代以前のほうに近いです。

**解答** **オ**

**問三** **傍線部の理由説明問題**

傍線部2の直前に「ポストモダン化した社会において」とあるので、傍線部はポストモダンの社会がもたらした状態だということがわかります。つまりポストモダン化した社会が「歴史」を「（小）物語」化（＝世界規模の歴史から、各共同体の語り伝えのようなものに）するということです。ですから傍線部では「歴史」が形式的には主語ですが、それを包む大きな主語として「ポストモダン化した社会」があるのです。すると**理由**説明問題ですから、主語といえるポストモダン化した社会の性質を探ればいい。ポストモダンの社会は、**「アイデンティティ、価値観、世界観が分散化する」（a）**（*L*12）社会です。すると、

| |
|---|
| ポストモダン状況 |
| ≒ |
| a |
| ↓ |
| 傍線部2 |

ということになるので、**正解はオ**。それに傍線部の「（小）物語」化とは、世界を語るはずの歴史が地域や共同体などに語り伝えられてきた話＝小さな「物語」と考えられるようになることですから、「価値観」の「分散化」という**オの内容は傍線部とフィットします**。

**ア**はもともと「（小）物語」だった「歴史」が再び「（小）物語」になる、ということです。つまり傍線部と同じことですから、傍線部の**理由**にはなりません。**イ**は傍線部と同じように、ポストモダンの社会で起こった現象で、傍線部と並列されるべきことがらであり、これも傍線部の**理由**にはなりません。**ウ**は「近代」のことで、「ポストモダン」ではありません。**エ**は**イ**と同様、傍線部と並列されるポストモダン社会の現象（＝結果）で、やはり傍線部の**理由**にはなりません。

**解答** **オ**

**問四** **抜き出し問題**

「物語的知」についてきちんと説明しているのは傍線部3のあとの段落です。そこに「物語的知」の「機能」=〈働き〉を説明している部分を探しましょう。すると「物語……**各人をその共同体に統合したり……判断基準を提供したりする**」(L28)とあり、「物語的知」とは「そうした『物語』に根差した」ものだと書かれています。「物語」の説明の中で「知」の「社会的機能」に関連するのは、「判断基準を提供」することなどでしょう。よって、先に引用した部分が解答にふさわしいです。「機能」を問われているので、「お話」は取ったほうがいいです。

**解答** **各人をその～したりする**(36字)

**問五** **空欄補充問題**

「科学的知」が「蓄積されていく」ので、空欄**A**には**〈近代〉に関係すること(a)**が入ると考えられます。また「プロセス」という**A**直前の語には**〈時間の流れ・経過 b〉**のニュアンスがあります。

これらを条件として考えると**ア「進歩」が正解**です。「進歩」は近代の合いことばだし、「進歩」には時間が必要です。**イ**「啓蒙」も近代の側ですが、**A**の直前に出てくるので、ダブります。**ウ**も**L15**で「近代」の理念のことを指していますが、**b**のニュアンスがないし、「プロセスが共同幻想だ」という日本語は不自然です。**エ**と**オ**は「ポストモダン」のことなので、**a**と×。

**ヒントがなさそうに見える設問も、問題文の対比などから推測して解きましょう。**

**ムズ** **解答** **ア**

**問六** **傍線部の理由説明問題**

傍線部4の前を見ると、傍線部の主語は「科学的知」です。また傍線部の「物語」=「非知」であることは、傍線部の構文からわかります。では「科学的知」がなぜ「物語」=「非知」に頼らなければいけないのか、が問われています。**問三**と同じ理由説明問題ですから、主語である「科学的知」の性質を探りましょう。傍線部4のあとの話がむずかしいですが、よく見ると「『科学的知』も……人々を納得させる」には、「物語の構造を利用することが不可避(=避けられないこと)」(L43)という、傍線部に近い内容があります。そして「(慣習的・無自覚的に)共有している物語の構造」(L42)は、傍線部の「物語」=「非知」

です。だからその「構造」を「利用することが不可避」だということは、「『非知』」に「依拠せざるを得ない」という傍線部の述部と対応しています。なのでこの部分と対応している**ウが正解**。ただし、**ウは傍線部の理由というより、傍線部をイイカエてなぞっているように見えますが、そういう選択肢も、ほかの選択肢が傍線部と無関係であったり、問題文に書かれていなかったり、矛盾したりするときは、傍線部と対応するという点で一番マシだということになります。とくに理由説明問題では、そういうことがよくあります。**

**ア**は、「科学的知」が「『物語的知』を解体して構築されてきた」が問題文にナシ。**イ**は「『物語的知』には……説得力がある」という部分が問題文にナシ。**ア・イ**ともにワースト2。**エ**は「には至っていないから」というと、「科学的知」にすべて置き換えないといけないと筆者が考えているようでおかしい。そうしたことは問題文にナシ。それに「啓蒙」が足りないから、という内容もナシで、これもワースト2。**オ**は「両者が協同することが必要」という部分が問題文に書かれていません。これもワースト2。だからやはりウを選びます。

**解答** ウ

---

## 問七 空欄補充問題

空欄 B のあとに出てくる「弁証法」は、歴史の発展法則として説明されることがあります。たとえば資本主義が発達すると、社会主義が現れ、資本主義と対立するけど、そのうち資本主義は社会主義の公平性という、いい部分などを取り入れて発展していく。だから時代が進めば社会はよくなるという考えかたです。

でもそれが「逆転」したのですから、予想とは違い、何かが「逆」になって都合の悪いことが起きたのです。

またその「逆転」は「『科学的知』が十分に浸透した」結果生じたので、「科学的知」に関わりがある。

さらに B を含む文は**前の文と接続語ナシにつながっているので前の文とイイカエ・説明の関係にある**と考えられますね。そのこともふまえ「逆転」に合致する内容を考えてみましょう。**L44**に「啓蒙が進行し」とあります。これが「科学的知」の「浸透」と一致するのでこれを使って B を含む文とその前の文を対応させてみると、つぎのようになります。

9

**a** みんなに知識が行きわたった＝「啓蒙の進行」
⇔
**b** 科学的知の正統性が問われる
＝
**A** 科学的知が十分に浸透した
⇔
**B** [　　]

**b**が[**B**]と一致すれば、二つの文がイコールになります。そしてみんなに知が行きわたったら、みんながその知を認めるはずなのに、〈逆〉にみんなが「その知はホントにいいの？」と疑いはじめた。これはものごとが発展的に進んでいないから「弁証法的逆転」といっていい。すると**[B]にエを入れて、「『科学的知』の権威を素直に受け止める人がかえって少なくなる」という内容にすればbと一致する。**「逆転」はやはり[**B**]の前の文に示されていたのです。

**ア**と**オ**は逆。**イ**の「わずかに」では「逆転」にならないし、**ウ** チョイマヨ は「ポストモダン状況」では「さまざまな価値観」が存在するのですから、みんながみんな「科学的知」を「まったく」信じなくなるのは、「ポストモダン状況」と一致しないので、正解にならないです。

ムズ 解答 **エ**

## 問八 傍線部の内容説明問題

傍線部**5**は引用の一部です。

**梅POINT 引用は具体例と同じように扱い、その両サイドの〈まとめ〉＝説明部分に注目すべし。**

傍線部は「物語」と「テクノロジー」の関係について述べています。

「テクノロジー」の話が出てくるのは最後の段落だけなので、そこが引用文の説明＝〈まとめ〉です。そこには**〈a 現代人はテクノロジーを生活を豊かにする手段として利用し、それぞれの価値観や生きかたに合った「物語」を作る〉**とあります。

またこの「物語」は「進歩」を「目的」として追求する「物語」「ではなく」(*L*62)とあります。*L*17に「『歴史』

とは『大きな物語』にすぎなかった」とあり、L7に「『進歩』と表裏一体の関係にあった『歴史』」とあるので、「進歩」の「物語」は「大きな物語」です。すると、問題文ラストに出てくる「テクノロジー」を使った人々の「物語」は大きな物語「ではなく」、**〈b　自分だけの（小）物語〉**です。

よって**正解はウ**。冒頭から「価値観は分散化し」までが**a**と、最後の部分が**b**と合致します。「価値観」の「分散化」は「ポストモダン的な価値の多様化」（L3）とも一致します。評論の最後だから、再確認しておきますが、

**梅POINT**

1. 問題文に手がかりや根拠、正解になくてはならない要素を見つけるべし。
2. それから初めて選択肢を見るべし。
3. 自分が得た手がかりや要素を含むものを積極的に選ぶべし。

**ア**は「テクノロジー」に触れていないので、傍線部と合致しません。また「『物語的知』に対する信頼性が失われていった」がおかしい。「信憑性」を「喪失」（L53）したたのは「大きな物語」で、「物語的知」ではありません。

**イ** チョイマヨは、たんに「物語」といっているのが不正確。「（小）物語」は数々生まれているのだから、きちんと「大きな物語」といわないと**b**と×。**エ** チョイマヨも「かつての『物語』」は「大きな物語」とも考えられるので、これも不正確で**b**と×。**オ**の「物語」は、「ポスト工業化の壁に突き当たっていた」「物語」だから「大きな物語」です。でも「大きな物語」は「テクノロジー」によって「解体を遅らせ」られたという因果関係はない。また「解体し始めた」（L5）と×です。

**解答　ウ**

どうでしたか？　人気のある「G―MARCH」や立命館・関大レベルの評論はクリアできそうですか？　しっかり自分の力を確認して、つぎのエッセイの問題に進んでください。

# 10 随筆「流れと切れ目」

学習院大学

別冊(問題) p.86

## 解答

| 設問 | | 解答 | 配点 |
|---|---|---|---|
| (一) | 1 | 輪郭(廓) | 2点×5 |
| | 2 | 厳密 | |
| | 3 | 冷凍 | |
| | 4 | 襲 | |
| | 5 | 継承 | |
| (二) | ア | 3 | 2点×5 |
| | イ | 7 | |
| | ウ | 5 | |
| | エ | 4 | |
| | オ | 1 | |
| (三) | X | 老 | 2点×2 |
| | Y | 食 | |
| (四) | | 制度や習わし | 3点 |
| (五) | | 2 | 4点 |
| (六) | Ⅰ | 科学 | 3点 |
| | Ⅱ | 生と死の境界 | 3点 |
| | Ⅲ | 本来は切れ目のない時間を区切って始まりと終りをしっかり定めようとする生き方 | 3点 |

ムズ (一)4、(三)X、(五)

合格点 32点

/40点

## 問題文ナビ

### 語句ごくごっくん

L4 老成…①大人びること　②経験を積んで、技術などが巧みになること

L5 消長…衰えることと盛んになること

L9 還暦・古稀《こき》・喜寿・米寿…それぞれ、数え年で六十一歳・七十歳・七十七歳・八十八歳のこと

L10 而立《じりつ》・不惑・耳順《じじゅん》…それぞれ、三十歳・四十歳・六十歳のこと

L10 規範…→ p.14 語句「規範」参照

L35 截然《せつぜん》…はっきりした区別のあるさま

**読解のポイント**

Ⅰ 人は人生にさまざまな「区切り」を設けて生きる

↓

Ⅱ 明確な「区切り」だったはずの生と死の境界が曖昧になってきた

問題文は、L35の「ただ一つ」で内容的に二つに分かれます。ですから問題文を二つに分けて見ていきましょう。

## Ⅰ 「区切り」の意味（冒頭～L34）

人間は、人生や自然の移り変わり、あるいは一日の時間に「区切り」を設けて、日々を過ごしてきました。それらはたいてい、「制度や習わし」（L14）という、「向う（＝個人の外）」からやってくるものです。そしてそれらは、外からやってくるからどうでもいい、というほど軽いものでもありません。「入学」だといえば気持ちが新たになりエネルギーが出るし、「定年」だといわれれば、気持ちがしぼんでしまうかもしれません。筆者が「生命活動の消長を分けている」（L5）というのは、そういうことです。「還暦」とか「而立」とか、年齢の節目の表現がありますが、それらは今「年齢の輪郭（＝年齢にふさわしい形）」が変わってしまったために、現代人にそのまま「規範」として適用できません。でもそれらは、年齢の節目で自分を振り返り、区分を迎えるそれぞれの人間になんらかの「心構えを切り替えるきっかけ」を与えるものです。だから筆者はL2で、「軽いものではない」といっているのでしょう。

ただし、こうした、本来は切れ目のない時間の流れを区切って始まりと終わりを定めようとする生きかたは正当ではあるのですが、区切りそのものは人間の作ったものであるため、曖昧さをもちます。

## Ⅱ 「区切り」の曖昧化（L35～ラスト）

そうした区切りの人生の中で、人間の生と死の境界だけははっきりとした区別だと筆者は思ってきました。でも現代では、科学の発達によって、その「生と死の境界」

さえあやふやになってきました。もちろん「個体の死と種の継承」＝〈個人の死と人類が存続すること〉とは分けて考えるべきで、科学が「種の継承」を研究することが、個人の「区切り」を曖昧にする、と批判するつもりはないけれど、人間の作ってきた「区切り」が曖昧になってきたことに、筆者は「不安」を覚えます。

でももしかしたら、こうした事態は、本来連続する時間の流れに、勝手に人間が「前とは別の領域（＝人間が設定した区分けされた世界）」を作ろうとした「便宜的（＝勝手な）発想」が原因かもしれません。そうしたことには、なんの根拠もないという「弱み」があることにつけこんで、「時間」そのものが、〈オレは人間の思い通りにはならないよ〉と示した「復讐《ふくしゅう》」なのかもしれない、と筆者は思います。

ラスト三行は少しむずかしいですが、「人類の存続そのものにも青春や老境の区切り」が「刻まれている」というのは、〈人類の歴史自体に、エネルギーに満ちていた時期（＝青春）や、たとえば現代のように終末を感じさせる時代（＝老境）などの大きな区切りがある〉ということでしょう。でも「我々にはそれが見えていない」。そんな宇宙的な、人類史的な見かたはできないということです。もし見えないとしたならば、人類の歴史の隅っこで、それでもなんらかの区切りがないと生きていけない人間は、青春や老境など、自分なりの区切りをつけて生きていくしかない。これがちょっと暗いけど、最後の部分で筆者がいっていることです。

### テーマ　随筆（エッセイ）

**随筆**（**エッセイ**）というのは、筆者個人が「私」など一人称で、自分の体験や思い、考えを書いたものです。そうした随筆にも、〈対比〉や〈イイカエ〉などの構造があります。だから、評論と同じように読むことが基本です。ただ違う点はつぎのようなことです。意識して読み、設問を解いてください。

**1**　評論のような論理ではなく、筆者の連想によっていくつかのエピソードが続く場合が多い↓どのような共通点でつながっているかを考える

**2**　文章全体で一つのテーマだけを語っていることが多い↓傍線部を傍線部とその前後の文脈だけで読まず、全体のテーマと傍線部とをリンクさせて設問を解く

**3**　比喩的な表現などが多く、設問でもそれを問われる↓比喩が何を喩《たと》えているかを傍線部前後の文脈と全体の内容から判断する

## ひとこと要約

人生の区切りは生きていくために必要だ。

## 200字要約

満点30点

[a]人間は人生に、制度や習わしによるさまざまな区切りを作ってきた。それらは曖昧だが、[b]そうした区切りがあったほうがよりよく生きられるのである。だが、[c]最近そうした区切りも意味をもたなくなってきたかのようである。それは、[d]科学技術の進歩により[e]人生の区切りを支える生死の境界さえもがあやふやになってしまったからである。とはいえ我々は、[f]ささやかな各自の区切りを抱えながら、懸命に生きていくしか他に道はないのである。（199字）

＊aは、「制度（あるいは習わし）による」がない場合は、2点減。
＊bは、「時間を区切る生き方は正当だ」なども可。
＊cは、「区切りは曖昧だ」なども可。
＊fは、前半3点、後半3点。
a・b・c・e…5点／d…4点／f…6点

## 設問ナビ

### (一) 漢字問題（書き取り）

**1**「輪郭（廓）」は〈ものの形を形づくっている外側の線〉のことですが、もっと抽象的に〈ものごとの概要・性質〉という意味で使うことも多いことばです。

**解答** **1** **輪郭(廓)**　**2** **厳密**　**3** **冷凍**　ムズ **4** **襲**　**5** **継承**

### (二) 空欄補充問題

空欄ア は直前の「長くても」がヒント。「長くても」「百年前後」といっているので、「百年前後」という時間を〈たいしたことはない〉と突き放すようなニュアンスを表せる語句がいいですね。すると**3の「せいぜい」**が最適。「せいぜい千円ぐらいだ」というふうに、「せいぜい」は、〈たかだか〜だ〉という否定的な意味を表せます。

空欄イ は後ろの「集中」と対応する〈そのことばかりに〉という意味をもつ**7「もっぱら」**を入れて、〈深夜にばかり集中した〉という文脈を作るのが適切。

空欄ウは後ろの「怪しくなりつつある気配を感じる」という、感覚的な推測とつながる5「どうやら」が適切。「どうやら〜らしい」といういいかたをよくします。

空欄エは〈本来時間の流れは「連続する流れ」なのだ〉という文脈ができれば、後ろの、〈なのにそれを「勝手に断ち切って」〉という部分につながります。だから〈元来〉という意味のある4「そもそも」が適切。

空欄オは直後の「ひと思い」と一緒に使うことが多い1「いっそ」がいいですね。

解答 ア 3 イ 7 ウ 5 エ 4 オ 1

## (三) 空欄補充問題（知識問題）

空欄Xは、若いのに「老成（＝大人びていること）」を装うというふうになればいいでしょう。Yは、ずっと起きていた筆者と一度眠った「家人」との時間の感覚がズレている状態だから、「食」を入れて「食い違い」。二人は何かを間違っているわけではないので、「思い違い」は残念。

解答 ムズ X 老 Y 食

## (四) 抜き出し問題

「区切り」は人間の「向うからやってくる」のです。つまり「向う」とは人間の外部だと考えられます。

その点をふまえて問題文を見ると、「制度によって押しつけられるそれらの節目は……外からの明確な区切りを刻印する」（L7）という表現に注目できます。つまり「制度」は「節目」として「外から」人間にやってくる。でも残念ながら「制度」だけでは二字で、字数条件に合いません。

でもへこたれず、同じようなことが書いてある箇所がないかなと、「制度」や「外」という語を頭に置きながら問題文全体を見渡してみてください。するとL14に、「制度や習わしによる区分が外側からの強制である」という部分が見つかります。この「区分」は「制度や習わし」という「外側」からやってきたものですね。ここから「制度や習わし」という語句を抜き出せばよいのです。

解答 制度や習わし

## (五) 傍線部の内容説明問題

まず傍線部Bの「それ（＝区分）を迎える側」とは人

間のことだということを確認しましょう。つまり傍線部は、〈人間が人生の「区分」を受けとめ、それによって「心構えを切り替える」〉ということをいっているのです。それは傍線部直前の「年齢の一定の節目で足を止め、我が身を振り返ろうとする」のと同じことでしょう。たとえば三十歳になったら、自分の人生を振り返ってそろそろ結婚しようかな、とか考えるという感じです。それは選択肢でいえば**2**の内容です。「消長」は〈衰えることと盛んになること〉の両方をいうので、「我が身を振り返」って、衰えたなと思ってもまだまだ元気だと思っても、どちらも含むことができます。またこの「消長」という語は***L*5**にあり、「区切り」=「生命活動の消長」の分け目、ということが示されています。このことからも、区切りの時点で、自分の「生命活動の消長を自覚」するといってていいでしょう。「切り替える」という傍線部の表現には自分で区切りを意識するというニュアンスがありますから、それを「自覚」すると**イイカエ**ても問題ないです。もちろん「あり方を変え」るは、「心構えを切り替える」の**イイカエ**。エッセイでも**傍線部の内容説明問題では、〈イイカエにご用心〉というルール**は変わりませんよ。

**4** チョイマヨ は「自分の生命の限界を自覚して」というふうに、「振り返」ったときに「限界」というマイナスの方向にのみ限定されている点が×です。逆に〈まだまだやれる〉と思うかもしれません。問題文からはどちらとも断定できないことを断定してしまってはいけません。**1**は逆に「盛んにする」方向だけになっているし、「一層盛んにする」という表現は、今までのことをふまえさらにバージョンアップするというイメージですから、「切り替える」という傍線部の表現とミスマッチです。**3**は「人生の区分を見直す」というのが×。見直す対象は自分の「心構え」であり、「人生の区分」を検証するのではありません。**5**は「年齢の節目に囚《とら》われないようにする」というのが×。「区切り」は「迎え」受け入れるのですし、最終段落にもあるように、筆者は人生の「区切りを抱えて……生きていく」しかないといってます。

ムズ 解答 **2**

㈥ **空欄に入る語句を抜き出す問題**

抜き出し問題というと、どこに答えがあるかなと、すぐ傍線部から目を離してしまいます。でも、まずは傍線

10

部の意味を考えなければなりません。傍線部**C**を二つに分けて考えるとわかりやすいでしょう。「便宜的発想」と「弱み」の二つです。「便宜的発想」というのは、傍線部直前にある**「連続する流れ（＝時間）を勝手に断ち切って前とは別の領域（＝区切り）を設けようとする」こと（a）**だと考えられます。「勝手」という表現が「便宜的」と対応しているからです。

ではこうして人間が「勝手」に「区切り」を作ったことに関して、「弱み」といわれているのはどういうことでしょう？　「弱み」とは〈弱点。マイナス部分〉ということです。筆者は「区切り」が「あってもなくてもよい、と考えて過《すご》せるほど軽いものではない」（L2）といい、人間に必要なものだといっています。でもその人間にとって必要な「区切り」は実は曖昧さを含んでいて、さらに、科学が進歩した現代では不安定なものになってきました。心臓が止まった時点を死とする「心臓死」のほかに、「脳死」という基準が示されることは、人間の生と死の「区切り」さえ曖昧にしてしまいます。そしてそうしたことはけっして科学に関することばかりとはいえず、筆者が家族と日付の感覚が合わないという日常の体験からもいえることです。つまり「区切り」は人間が考えるほど、確かなものではないのです。それこそ「勝手」に作ってしまったものなのです。つまり必要だから作ったのですが、そこには絶対的な根拠はありませんでした。だから〈弱い〉。すると「弱み」とは、**「区切り」自体が明確な根拠をもつものではなく、不安定であること（b）**だといえます。

なので傍線部は、**〈人間がもともと連続している時間を勝手に区切って生きようとしたことが、根拠のないことだから弱い〉**という意味です。

そしてそうした「弱み」が最近になって目立つようになったと筆者が考える**理由**が問われているのですが、空欄[Ⅰ]のあとには「の進歩」という語句が続きます。すると傍線部の前に書かれている「脳死」や「クローン人間の可能性」とかを生み出した「科学」の「進歩」が筆者の心を揺り動かしていますから、[Ⅰ]は「**科学**」で決まり。

空欄[Ⅱ]は、「さえも」ということばがついています。ということは、**〈ふつうは「曖昧」にならないもの〉**だということになります。〈あいつさえもが敵になった〉とかいいますよね。なおかつ**「科学の進歩」で「曖昧」になっ**

**たもの**、というのが二つ目の条件。この条件で探していくと、やっぱり傍線部の前にある「生と死の境界までがあやふや」が「Ⅱさえもが曖昧な状態になり」と一致しています。「さえもが」と「までが」、「曖昧」と「あやふや」が対応してますからね。なのでⅡは「**生と死の境界**」。

空欄Ⅲはちと長いですが、現代の状況の中で、「機能しなくなってきた」ものはなんですか？　それは曖昧になってきたaの内容（＝区切りに関すること）と関連があるはずです。そうした内容を字数条件を意識しながら問題文に探すと、L32に「**本来は切れ目のない時間を区切って始まりと終りをしっかり定めようとする生き方**」（37字）という部分があります。これは傍線部の「便宜的発想」＝〈**a　人間がもともと連続している時間を勝手に区切って生きようとしたこと**〉そのものです。そしてこの「生き方」は、「正当」（L33）だということばにつながっています。設問文の「正しいものであり」と一致します。つまり正しいんだけど、もともと曖昧な区切りの上に築かれた人生のありかたが、区切りがますます怪しくなってきて、区切りを必要とするこうした生きかたさえうまく機能しなくなったので、曖昧な区切りに頼る人間の「弱み」が一層感じられるようになったのです。なのでここが正解です。

**解答**

**Ⅰ　科学**（2字）　**Ⅱ　生と死の境界**（6字）

**Ⅲ　本来は切れ目のない時間を区切って始まりと終りをしっかり定めようとする生き方**（37字）

11 随筆

# 『文明の憂鬱』

法政大学（改）

別冊（問題） p.92

## 解答

| 問一 | 問二 | 問三 | 問四 | 問五 | 問六 | 問七 |
|---|---|---|---|---|---|---|
| ウ 5点 | ウ 5点 | エ 5点 | 霊的な存在が物的な証拠によって科学的に証明されることを求める心理構造 10点 | 死生 5点 | オ 5点 | ウ 5点 |

ムズ 問二、問三、問五

合格点 28点

／40点

## 問題文ナビ

### 語句ごくごっくん

L5 **顕現**…はっきりとあらわれること

L6 **観念**…→p.46 語句「観念」参照

L7 **イデオロギー**…→p.92 語句「イデオロギー」参照

L8 **絶対的**…→p.106 語句「絶対的」参照

L9 **君臨**…①君主としてその国を統治すること ②強いものがほかをおさえて絶対的な力を振るうこと

L11 **概念**…→p.25 語句「概念」参照

L14 **凋落**《ちょうらく》…落ちぶれること。衰《おとろ》えること

L18 **絶対者**…神など、絶対的な存在

L26 **奇妙奇**《き》**天烈**《てれつ》…珍しいこと。とても不思議なこと

L30 **不可知**…知ることができないこと

L30 **仮象**…仮の姿

L32 **輪廻**《りんね》…生き変わり死に変わること

L32 **世俗化**…宗教的なものや聖なるものが、日常的なものになること

L36 **倒錯**…①上下が逆になること ②本能や感情、および人格の異常によって、反社会的行動をすること

③おかしくなること。ここでは③の意味

L37 **カルト**…過剰な崇拝、支持

L39 **俄《にわ》かに**…急に。突然

L41 **似非《えせ》**…本物に似ているが違うもの

L42 **件《くだん》の**…例の。いつもの

L47 **論破**…理屈や論理で相手を言い負かすこと

L48 **形而上《けいじじょう》学**…現象の背後にある、見えないものや神などの本質をとらえようとする学問のこと。形而上…目に見えないこと。思考だけがとらえられるもの

L52 **心許《こころもと》ない**…ものたりず、不安・不満なさま

**読解のポイント**

●近代だけではなく、現代も科学を信仰している

⇔

○〈死とは何か〉という、科学だけでは答えの出ない問題には、なんの解答も出されていない

問題文は〈近代〉について語っています。**〈近代〉について論じた文章は、〈近代〉をほかの時代と対比的に論じることが多い**のですが、この問題文は〈近代〉と「現代」に似た点を見いだしています。〈近代〉が論じられる第一・第二段落と、「現代」について語る第三段落以降を分けて、問題文を見ていきましょう。

## I 近代（冒頭～L21）

「エリアーデ」は「心霊学」が成立したのは「一八五〇年頃」だといっています。この当時は「唯物論的イデオロギー」がはやった時代です。つまり「心より、物だよ」っていう時代だった。だから「霊」を「物的」に証明する「心霊学」が現れ、「実験科学の基準を導入して」「霊魂の不滅」を、触れることのできる物的「証拠」（L6）によって「物理的」に「証明」しようとしたのです。

でも「物」＝「証拠」＝「科学」というつながりはわかりますが、「霊」を「科学」で証明するというのは、ちと違うのではないか、と筆者はツッコミを入れます。だって「キリスト教」が強い力をもち、みんなが神を絶対だと信じている時代ならば、〈死んだら私の魂は神さまのもとに行くのだ〉って自然に信じられるし、「物」や「科学」で

11

「証明」するまでもない。だいたいが、「霊」とか「霊魂」だとかいうものは、「肉（肉体）」という物質とは「対立」するものであり、だからそれをマゼコゼにして、「霊」を「物」で「証明」するという発想自体、おかしいのです。

でもどうしてそうなっちゃったのか？ それは今述べたことからわかるように、神さまの力が弱まってしまったからです。そもそも「科学」は神の作ったこの世界の法則を明らかにするために登場したのでしたが、いつの間にか、〈なんだ、世界って神さまでなくても作れるじゃん〉ということになって、神の権威は失われてしまったのです。「ニーチェ」は、「神は死んだ」という有名なことばによって、こうして死にそうになっていた神さまに最後の一撃を食らわし、ノックアウトしてしまいました（「（酸素を吸入する）チューブを外した」という喩《たと》えはそういうことです）。でも神さまがいなくなった時代の人々の心は虚《うつ》ろです。だって今までは「なぜ死ぬのか？」という問いに対して、〈神さまが私を呼んでいるんだ〉と答えればよかった。だけど神さまを信じないようになると、自分が死ぬことも生きることも、意味や根拠がなくなってしまいます。〈なぜ死ぬのか？〉↓〈偶然じゃん〉みたいになって、人々は「空隙」（L19）（＝虚ろな心）に悩まされます。その心のすきまに入り込んだのが、「科学」という新しい近代の神です。生きたり死んだりという人間の運命の不思議さを、今度は「科学」が解き明かしてくれる、人々はそう思いました。それが「心霊学」が誕生した時代＝〈近代〉なのです。

## Ⅱ 現代（L22〜ラスト）

でも、これは〈近代〉だけの話ではありません。「心霊学」が誕生した「百五十年前のヨーロッパ」と同じように、現代でも「科学に対する信仰」は強いのです。たとえば「心霊写真」、これぞまさしく「心霊学」の子孫でしょう。よく考えれば、写真という「物理的な仕組み」（L25）に、物体ではないはずの「霊」が写るということはありえない。「霊」は「物理的」なものでも科学的なものでもないのだから。かえって、誰がなんといおうと「私は見たっ！」という、不思議というか、あぶない「証言」のほうがまだ「霊」には似合う。なのに「霊」が写真に写ると思うのは、つまり心霊写真を信じるのは「科学」的なものを信じているからです。「物」として見えれば実在するという「科学信仰」の現れなのです。「この世ならぬ何ものか」＝「幽霊」などが、写真に写ったら、それらは、「この世の中の何ものかであった」ことになるという矛盾にどうして気づかないのか、と筆者は「心霊写真」を信じることを批判します。「実体」はわからない（＝不可知）が「仮象」として現れたのだ、というのなら、生まれ変わり（＝輪廻）とかを信じる、宗教が俗化している日本ならありうるかもしれません。けれど、やはりそういうことじゃなく、「心霊写真」とかを信じたいというのは、「霊的な存在を科学的に証明したいという近代的な欲求」（L33）と、「死後の生」を「物質」として見たり、触れたりしないと「死の不安」が消えないという、これまた近代的な「物」への信仰＝「唯物論的イデオロギー」なのではないか、と筆者は考えています。

こういう科学への信仰は不思議なことに現代の新興宗教にも見られます。「科学的な証明」だと判断されれば、みんな信じる。ただ科学っぽいだけでみんな信じるのですから、「似非科学」が人をだましやすい時代です。

そうした〈科学っぽさ〉には「真実は常に一つ」（L46）だといって、「科学的事実」を突きつけてしまえばすむでしょう。でももし、科学的ではないですが、ある教団が教団独自の考えに基づいて、「みんなにはわからないだろうが、この人は死んでいるんじゃなくて生きてる」とかいったらどうしたらいいでしょう？　これは「科学信仰」の弱点をつきます。「そんなバカな話があるか!?」とかいって「医学」的に説明しても、向こうはもともと「科学」とか超えている世界なんですから、通用しません。そして実は私たちや現代の科学も、人間の死という大問題に依然答えられてはいないのです。だからいい張られたら弱い。だいたい「死とは一体何であるか」という問題に、私たちは答えのかけらさえもっていない。科学や医学にさえ「統一された見解」（L52）はない。実はそういう「何とも心許ない」現実を抱えているのが、現代人なのです。

**テーマ　科学とオカルト**

旧約聖書には、キリスト教の神は理性そのものだと書かれています。また「神は自分に似せて人間を造った」とも書いてあるので、人間は少し神様から理性を分けてもらっていることになります。だからそれを大事に使い、理性的な人間になり、世界の仕組みを理性によって解明しなければならない。こうして

11

始まるのが近代の**科学**です。このことは**九講**の〈テーマ〉でも少し触れました。
　でも人間というものは、理性だけで生きているわけではないですよね。理性の反対の**非合理**なものにもひかれる。だからオカルトやホラー、ファンタジーがはやる。そうした非合理な部分を認めない世界は、逆にきゅうくつです。私たちの生きている社会がストレス社会だとしたら、それは結局「理性」＝科学が大事にされすぎているからかもしれません。だから非合理も、頑張れ！

## ひとこと要約

現代は科学を信仰する時代だが、科学だけでは人間の生死に関わる本質的な問題には答えられない。

## 200字要約

満点30点

近代は宗教の権威が凋落したことにより、人々は自らの存在に対する不安を埋めるために科学を信仰の対象とした。現代ではその傾向が強まっており、我々は何に対しても科学的な証明を求める。しかし現代に見られる似非科学に対しては科学的事実を示すことによって対抗することができても、死とは一体何であるかという、根本的な問題に関しては科学的な合意以上の解答を我々は何ら持っていないという心許ない状態なのである。（196字）

＊bは、「自らの存在に対する不安を埋めるために」に該当する、科学信仰の理由が示されていないものは2点減。
＊aとbとのつながり（因果関係）がはっきりしないものは2点減。
＊fは、「死について明確な合意を持っていない」なども可。
a・b・c・d…5点／e…4点／f・g…3点

## 設問ナビ

### 問一　傍線部の理由説明問題

　この文章のメインの設問といっていいでしょう。「百五十年前のヨーロッパの分析」とは、近代（ここでは十九世紀）において「ヨーロッパ」に「心霊学」が誕生したことをエリアーデが「分析」したことです。そして傍線部**1**の「今日的」というのは、筆者がいっているのですから、〈現代的だ〉ということです。つまり傍線部は「〈近代〉は現代的だ」といっていて、「筆者がそう考えるのはなぜか」と問うているのがこの設問です。**一講〈問**

三〕の最初と最後の梅POINTでもいったように、**理由は主語の性質の中にあり、理由は傍線部（の述部）と論理的にスムーズにつながらなければならない**のでした。すると〈近代〉が「現代」とこうこういう点で似ているから、と説明すれば主語の性質である**理由**と傍線部の述部とがつながるので、それが答えです。そしてこれがメインの設問だといった意味がわかりましたか？　この問題文は〈近代〉と「現代」の共通点を論じたものでしたね。そのポイントを押さえるのがこの設問だからです。

　そして〈近代〉と「現代」の似たところは？　ズバリ「科学信仰」。これが入ってないとメインの要素のない答えになります。逆にいえばこの要素が入っているのはどれだ？　と選択肢を見ればいいのです。

　すると**ウが正解**だとわかりますね。「科学への盲信」という語句が「科学信仰」と一致します。**ア**の「唯物論的イデオロギー」も「科学信仰」に近いですが、「ニーチェに先だって神の実在を否定した」という部分が問題文にナシ。**イ**や**エ**の「物理」も科学的ですが、両方とも後半がやはり問題文にナシ。**オ**は「カルト教団」にのみ限定して説明していて、「現代」のありかたをきちんと説明していないです。それに現代の「カルト教団」が「科学的な技術」を「心霊学」から「継承（＝受けつぐこと）」したなんてことも問題文には書かれていません。

**解答** ウ

## 問二　空欄補充問題

　空欄[A]にどんな答えが入っても、[A]を含む文は前の文と接続語ナシにつながるということが見えましたか？　p.113でもいいましたが、**接続語ナシにつながる文同士はイイカエ・説明の関係になることが多い**のでした。すると、[A]を含む文は、前の文の内容＝〈霊魂と肉（物質）は対立する〉ということとイコールになると考えられます。そして主述の関係から、

・「[A]である」こと
＝
・「霊魂の概念」からの逸脱

です。この図と[A]の前の文の内容を結びつければ、[A]には「霊魂」と「対立」（≒「逸脱」）する「肉（物質）」に関連する内容が入ればいいとわかるでしょう。*L*6に「触知可能な証拠」という表現があり、*L*35にも「物質との

接触可能性」という表現があります。「物質」なら触ることができる＝「触知可能」です。だから**ウ「触知可能」**が**正解**。**A**を含む一文は、〈触れられるならもう霊魂じゃないでしょ〉という意味になります。

**ア**は「物質」と直接結びつきません。**オ** チョイマヨ も、*L*9を見ると、宗教がガッツリ信じられていたときの「霊魂」のことだともいえるので、「物質」の性格とはいえない。**イ**の「科学」も「物質」自体の性格ではない。**エ** チョイマヨ の「唯物論的イデオロギー」が物質を重視した近代の考えかたなので、迷った人もいるかも。でも「イデオロギー」は考えかたや価値観ですから、「物質」とは直接結びつきません。

ムズ 解答 ウ

**問三 表現の意図を説明する問題**

エッセイらしい問題ですが、むずかしいです。まず傍線部2の「彼」って誰でしょう? 傍線部の「それ」は「証言」、あるいは「幽霊」や「妖怪」を見たということを指していると考えられます。そして傍線部はある〈条件・ただし書き〉を述べた部分で、倒置表現です。ほんとは「少なくとも、彼の人生に重要な意味を持つ限りに於《お》いては、私はまだしも、この目で、幽霊なり妖怪なりを見たという証言の方が、ずっと真実であると思う」という語順です。「彼」が条件つきで支持されていることと、傍線部直前で「この目で」見たといっている人が肯定されていることとが一致します。なので「彼」は「この目」で「幽霊」を「見た」と「証言」している人です。

つまり「心霊写真」を信じる人は、「霊」と「物」とをつなげるという「奇妙」なことをしているのですが、それに比べれば、なんの物的証拠もないけれど、「おれはこの目で見た」という証明不可能な個人的体験を語る「彼」のほうがまだ信じられる、なぜなら少なくともその人は、「物」が「霊」の存在を証明してくれるということはいったりしてないからです。ただしそれを受け入れる条件がある。その、幽霊を見たという「証言」や「幽霊」を見たことが「彼の人生に重要な意味を持つ」ならば、「真実である」と認めてもいいよといっているのです。ただのホラ吹きや目だちたがりだったら×だ、ということです。

筆者自身が「霊」を信じているかどうかわかりません。でも「霊」という考えかたが「科学」や「物」と無縁であると考えていることは**問二**の空欄**A**の部分でもわかります。だから他人事なのですが、筆者は、〈もし霊とかを見た経験がほんとに君（＝彼）の人生にとって重要だっていうなら認めるよ〉といっているのです。なのでそれに一番近い選択肢は**エ**です。「主観的な経験」は〈その人だけの、個人的な、客観的に証明できない経験〉という意味です。だから、今述べたことと一致します。

**ア**の「特殊な能力」は傍線部から大きくぶっとんでる選択肢で大×です。**イ**の「妄言」（＝でたらめ）は「彼」を否定してしまうことになるので×です。筆者は、「彼」にすごく共感しているわけではないですが、傍線部を見るかぎり、「否定」したり「皮肉」をいったりしているのではないです。**ウ** チョイマヨ は「幽霊や妖怪の実在は信じない」という部分が断定できない内容なので、正解にできません。それに「不寛容（＝心がせまい）」という説明も傍線部と関係ないです。**オ** チョイマヨ について。「彼」はただ「幽霊を見た」と「証言」している人です。「心霊写真」を「否定していることを強調するため」に筆者が傍線部のようなことをいうのは、「彼」にとって幽霊を見たことが「重要」かどうかを問題にしている傍線部と関係ないことなのでおかしいです。たしかに筆者は「写真に霊が写る」ということを否定するでしょうが、それは「写真に霊が写る」ことが「非科学」的だから「否定」するのではありません。そこに「科学」に対する過剰な信頼があるから批判しているのです。その点でも**オ**はダメです。この設問は明確な根拠がないので、消去法で解きましょう。

ムズ　解答　**エ**

**問四　傍線部3の内容説明問題（記述式）**

傍線部3の「この不思議な現象」とは、「カルト教団」に入る人たちが「科学的に証明されるが故に、俄かには信じ難い怪しげな話も事実として受け止め」ることを指しています。「心霊写真を巡る」「心理構造」で、「この不思議な現象」と「一致する」といわれているのは、どのような「心理構造」でしょう？　当然今述べた「科学的に証明されるが故に、俄かには信じ難い怪しげな話も事実として受け止め」るということとつながる「心理」ですから、「心霊写真」の場合でいえば、「科学的」な証拠があるから「霊」を信じるというような「心理」になります。そうした「心理構造」を、「この不思議な現象」にも「心霊写真」にも合うように説明するのですが、 ***L*33**

11

に「霊的な存在を科学的に証明したいという近代的な欲求」という表現があります。この「欲求」は「心理」ですから、この表現を土台にして解答を作るといいでしょう。ただし傍線部は現代の状況をふまえた部分なので、「近代的」は必要ありません。解答は「**霊的な存在が物的な証拠によって科学的に証明されることを求める**」（30字）、などとすればよいでしょう。

私立大学の記述問題で、自分のことばで説明するという問題はほとんどありません。問題文中の表現や語句をうまく編集してあげればよいのです。前にもいったように、気楽に、抜き出し問題の延長だと考えましょう。

**解答例** **霊的な存在が物的な証拠によって科学的に証明されることを求める**（30字）

**採点のポイント**

＊「霊」と「科学的な（物質的な）」「証明（証拠）」との関連が示されていることが必須。それが書かれていればOK。

＊解答欄の「心理構造」につながるかたちになっていないものは2点減点。

＊「。」をつけたものは1点減点。

## 問五 空欄補充問題

空欄Bのあとに「死んでいる或《あ》る人間の死を否定する」とあるので、Bには**人間の生や死に関係する語句が入る（a）**と考えられます。そして「観」という**〈見かた・考えかた〉という語に続くこと（b）**、設問に**「反対の意味を持つ二字の漢字」が答えだと示されていること（c）**、をヒントに考えていくと、この三つの条件を満たす語句としては「**死生**」が適切です。「死生観」は字の通り〈死や生に対する考えかた〉という意味です。「生死観」とはふつういいません。

ムズ **解答** **死生**

## 問六 内容合致（趣旨判定）問題

随筆でも内容合致問題では、まずは大まかに選択肢の悪いところを見つける消去法で見ていきましょう。**ほかと比べて、マシだったら、正解にするっていう柔軟性を身につけてくださいね**。これは内容合致問題だけじゃなく、すべての選択肢問題で必要なことです。

**ア**…「エリアーデ」は「心霊学」の起源について述べただけで、「その（＝心霊学の）思想の正当性を主張した」りしてませんから問題文にナシ。ワースト2です。

**イ**…「ニーチェ」は「科学をこそ信仰の対象にすべきであるという考え」をもっていたなどとは問題文に書かれていないので、これもワースト2ランク。

**ウ**…「現代人は霊的な存在を科学によって」、「表層的（＝表面的）」にさえも否定してません。逆に***L*33**にあるように、「霊的な存在を科学的に証明したい」のです。これはさっき**問四**の記述問題でも確認しました。問題文に反するのでワースト1の選択肢です。

**エ**…「霊魂」が「物理的な形で一時的に（せよ）現れる」という考えかたを「正しい」といってしまうことは、「心霊写真」に写るから「霊魂」があるというのと同じです。筆者は「心霊写真」を傍線部**2**のあとなどで否定していました（傍線部**2**のあとで、「一応筋は通っている」（***L*31**）といっているのは、宗教的な考えとして認めているのであり、「科学的に正しい」といっているのではありません）。そのこととバッティングするので、この選択肢もワースト1ランクです。

**オ**…***L*45**～***L*47**と合致します。カルト教団が「形而上学的事実に基づ」いてなんらかの主張をする場合はむずかしいですが、「カルト教団」が「奇妙」でも「科学主義」を提唱するときは、「科学的事実に於いて、真実は常に一つである」と「医学的に説明」することは「可能」です。なので**オが正解**です。

**解答** **オ**

## 問七 題名付け問題

**問一**で確認したように、この文章のポイントは近現代の「科学信仰」という点にあります。また最後では科学が「死」という重大な問題に答えを出せていないことを指摘していました。なので**ウ**が問題文全体をおおっていて題名として適切です。**題名というのは問題文全体をおおっているものがいいのです。一部分にマッチするだけではいけません。ア・イ**は部分的なテーマを取りあげているだけだし、**ア**「末路」、**イ**「構造心理学」は、問題文できちんと示されていないので余計です。**エ**の「神の死」は近代を述べた前半にだけ当てはまり、最後の二段落の内容を含むことができません。**オ**のような「方法」も問題文ではっきり述べられていません。

**解答** **ウ**

## 12 随筆「閑人妄語」

明治大学

別冊（問題） p.102

ムズ 問一ウ、問五、問七、問八、問九
大ムズ 問六

合格点 26点

／40点

## 解答

| 問 | 解答 | 配点 |
|---|---|---|
| 問一 | ア 霊魂　イ 焦慮　ウ 臆 | 2点×3 |
| 問二 | a たづな　b おとしい | 2点×2 |
| 問三 | ③ | 4点 |
| 問四 | ④ | 5点 |
| 問五 | ② | 2点 |
| 問六 | ④ | 4点 |
| 問七 | 自身が動物出身である事 | 5点 |
| 問八 | ② | 3点 |
| 問九 | ③ | 5点 |
| 問十 | ② | 2点 |

## 問題文ナビ

### 語句ごくごっくん

L26 マルキシズム…貧富の差のない協同社会を目指す思想家マルクスの考えかた。共産主義

### 読解のポイント

Ⅰ 自分の仕事（創作）はそのときの精神活動が、作品に刻み込まれ、それが世の中に伝わることを信じている

Ⅱ 現代は科学や思想が進歩しすぎて、人間がついていけなくなっている

Ⅲ 科学に関しては、地球を基準に、発展の限界を決め、その範囲で進歩するようにすべきだ

Ⅳ 限界を知らない思想や科学が、人間のあつかいきれないものになってしまったように思う

問題文は三カ所の空行で四つに分かれますから、それに合わせ、全体を四つに分けて見ていきます。「**読解のポイント**」のⅠ～Ⅳは以下のⅠ～Ⅳに対応しています。

## Ⅰ 自分の仕事と世の中とのつながり（冒頭～*L*13）

志賀直哉といえば、小説の神様といわれるほどの作家ですが、彼自身もいっているように、自分の仕事については、とてもまっとうな考えかたをしています。それは、ものを書くという仕事によってできた作品には、自分の「精神活動」が刻み込まれ、その「精神」（*L*8）が読者に伝わるという考えです。もちろん作家自身は読者と直接交渉をもつことはあまりないでしょうが、作品は読者に直接働きかけ、思いがけず「よき働き」（*L*10）をしてくれるのです。だから、志賀は自分が世の中とつながっていると思えて、「安心」（傍線部A）しているのです。

## Ⅱ 今の時代の進歩のありよう（*L*15～*L*33）

この文章が入っている本が最初に出版されたのは、一九五〇年です。ですから志賀直哉があげている飛行機の進歩などは、第二次世界大戦の終わりから五年後の状況をいっているのです。日本でも「デモクラシイ（＝民主主義）」（*L*26）が叫ばれる一方で、旧ソ連などの社会主義国が「マルキシズム」を目指し、徐々に二つの陣営の仲が悪くなっていこうとしている時代です。志賀はこうした思想の対立を、思想の進歩としてとらえていますが、当時は民主主義も新しい思想と考えられたのでしょう。ですが、戦争の記憶が残る志賀の頭の中では、飛行機の長距離飛行は、「爆撃を受ける時の危険率」（*L*19）が上がることにすぎず、思想の対立も、「武力」紛争を想像させます。悲しいことに、技術は戦争によって進歩します。大きな戦争を経たあとだからこそ、人間には手がつけられないほどの科学の進歩があるのかもしれませんが、科学といい、思想といい、先を見こして、制御する「智慧《ちえ》」

（L24）をしぼらなかったのは、「思想家」や「学者」の「怠慢」（L33）だと志賀は思います。

## Ⅲ 科学の制御（L35〜L68）

「思想」のことはひとまず置いておいて、志賀は「科学」のありかたに論点をしぼります。そして地球を基準にし、地球が耐えられる「限界」（L35）を超えない範囲で科学の進歩を許す、という考えを示します。これも今から考えればまっとうな考えだと思います（誰も実行しようとはいわないでしょうが）。

そんな志賀直哉も、かつては、地球が、人間の住む場所として「条件」（L43）がどんどん悪くなる前に、人類がより大きな「進歩発達」をとげて、「地球の運命」から人間の運命を切り離せばよいのだ、などと考えていた時期があったのです。これは「人間はこの地球から一歩も外に出られないもの」（L38）という考えとは食い違いますが、志賀もかつては人類の知恵をとても高いものと考え、地球環境が悪くなっても、それを超える知恵が人間にあると考えていたのです。だから「原子力」（L47）も賛美できる。そしてそんな考えにいつしか耐えかね、〈地球の運命と人間の運命を分ける考えかた〉と「丁度反対の所」（L51）、つまり「人間はこの地球から一歩も外に出られないもの」だという、地球と人間を一心同体と見なす考えかたに到達し、落ちついたのです。

志賀は今の科学がだんだん地球からはみ出してきたような感じがして、「不安」（L55）だと述べています。志賀は自分を、自然物を身近に感じる点ではふつうの人以上の感性であると語ります。人間がなんでもできるかのように振る舞うと、その思い上がりは必ず自然によって罰せられるだろうとも志賀は思います。人間はいくら偉くなっても、この地球上の「動物の一つ」（L61）だということを忘れてはいけない、そして自分を省みると、自分がやっぱり動物出身だと思うことがあるといいます。ガマ蛙《がえる》のエピソードはガマ蛙と人間の赤ちゃんが同じしぐさをし、体つきも一緒だということを、人間が動物だということの例として語っているのでしょう。

## Ⅳ 進歩の向かうところ（L70〜ラスト）

もちろん動物の世界にも弱肉強食があり、厳しい生存競争があるでしょう。ですが、そこには何か「調和」（L70）

めいたものが感じられると志賀はいいます。人間の戦争のような残忍な感じはしない。たぶんそれは、動物の行いが自然の内でのできごとだからだと志賀は思います。それに対して人間同士の殺し合いは、自然の範囲をはみ出しています。人間は動物出身でありながら、よくここまで進歩したものだと驚きますが、でも自ら「限界を知らぬ」(L73)ということが、逆に弱点となって人間を滅ぼすようになるのではないか、と志賀は考えます。つまり、一番賢いはずの動物が、自らを滅ぼす一番バカな動物になってしまうということが起きるのではないかと思うのです。今の世界は思想も科学も、人間がどうこうできるようなものではない。つまり「上げも下げもならぬ状態」(L76)になっています。

「マンモスの牙」は大きすぎて、それがマンモスを絶滅させたきっかけになったともいわれます。志賀が問題文の最後に、思想や科学が「人間にとって『マンモスの牙』になってしまったように思われる」といっているのは、人間の思想や科学が、大きくなりすぎた「マンモスの牙」のように、人間を滅ぼしてしまうのではないか、といいたいのだと思います。

**テーマ　自然破壊**

哲学者のヘーゲルという人は、人間はあるものを「否定」することによって、新たな次元に向かうといいます。でもその「否定」の対象が、「自然」であり、それを「否定」することが、文明であり、進歩だと勘違いしてしまう可能性も人間にはあります。事実「自然」を否定することが、文明であり、その手段が科学だという時代に私たちは生きています。ですが問題文にもあるように、人間も動物という自然の一部です。自然を「否定」することは人間を否定することです。志賀直哉がいうように、どうやら人間にも、自分の「否定」した自然によって滅ぼされる運命が見えてきたようです。

## ひとこと要約

人間の進歩が、人間を滅ぼす。

## 200字要約

満点30点

[a]創作という仕事は、自分のその時の精神活動が、[b]作品によって読者に伝わる可能性がある。[c]だから自分と世の中との関係については安心している。だが、[d]今の時代は人間が追いつけないほど思想や科学が進んでいる。[e]これを放置したのは学者らの怠慢だが、[f]科学については、地

12

球を基準に限界を定め、その範囲の中で進歩するようにしないと不安だ。[g]人間も自分が動物だという分を自覚しないと、[h]自ら作った進歩に亡ぼされてしまうように思う。（200字）

*dは、「思想」と「科学」の両方が必須。

*dは、「人間が追いつけない」がないものは1点。

*eは、「放置した／制御できなかった」などがあり、何を「怠慢」といっているかがわかることが必須。「手綱」は1点減。「思想家……学者」（L32）のどれかがあれば可。

*fは、「科学を制限する」という内容があれば可。

*gは、「人間は動物である」3点、「分を自覚する」2点。

*hは、「自ら作った」がないものは2点減。

a・b・c・e・f…3点／d・g・h…5点

## 設問ナビ

**問一** **漢字問題（書き取り）**

**イ**「焦慮」は〈あせり〉。**ウ**「臆面」は「臆面もなく」で〈気後れした様子もなく。ぬけぬけとずうずうしく〉。

**解答** **ア** 霊魂　**イ** 焦慮　ムズ **ウ** 臆

**問二** **漢字問題（読み）**

**b**のような訓読みの対策は、どんな漢字も音訓両方覚えていくようにすること。漢字での失点は痛いですよ。

**解答** **a** たづな　**b** おとしい

**問三** **傍線部の理由説明問題**

**どんな傍線部問題も、まずは傍線部の意味から考える**のでしたね。**それはエッセイでも同じ**です。

まず傍線部Aの「以上のように」というのは、第二段落の内容を受けていると考えられます。そこには、作家の「精神活動」が作品を通じて読者に伝わる、そして思いがけない「よき働き」をしてくれる。だから〈作家は、作品がもつ力を信じていればいい〉という考えかたが書かれています。そして傍線部の直前にあるように、「私」は、何に「安心」しているかといえば、「自分の仕事と世の中とのつながり」についてです。すると傍線部は〈「私」は作品が私の精神活動を読者に伝えてくれると信じているので、自分の仕事と世の中とのつながりが保てていると思い、安心している〉という意味になります。

そして**理由とは主語の性質の中にある**のでした。この文の主語は「私」です。「私」が〈自分の作品の中に自分の精神活動が刻み込まれ、それを読者が受け取ってくれると考えている〉という、この「私」の考えが自分の仕事と世の中のつながりを保てていると「安心」する**理由**です。この内容に最も近い選択肢は③です。なので**③が正解**。①は、第一段落の内容をベースにしていますが、「作品」ということに触れておらず、「私」という作家に即した説明になっていません。②も①と同じく第一段落の内容をベースにしつつ、「作品」に触れず、「私」に即した説明になっていません。また、「殆《ほとん》ど不滅といっていい位に伝わ」るというのは、「すぐれた人間」(L4)の場合として書かれています。「私」が「すぐれた人間」だと断定できる、あるいは「私」が自分をそういう人間だと思っているといえる根拠は問題文になく、②は断定できない内容なので、適切とはいえません。④は、「その作品が持つ力以上の働きをしてくれるものと信じる」という内容が「その作品が持つ力だけの働きをしてくれる」(L11)と書かれていることと食い違い、×です。

解答 ③

## 問四 傍線部の理由説明問題

**問三**と同じ理由説明問題ですから、同じように解きましょう。傍線部**B**は少し風変わりな表現で、「時代遅れ」という表現が、あまりピンときません。「時代遅れ」といわれているのは、傍線部直前にあるように、「この時代の人間」です。そして「この時代の人間」が傍線部の主語です。すると「この時代の人間」(＝主語)に、「時代遅れ」(＝述語)だ、といえる性格が見つかれば、それが**理由**です。そうした観点で、「この時代の人間」について見ていきましょう。

「この時代」は思想や科学が「非常な進み方をしている」(L15)。そして人間は「進み過ぎて手に負えず、どうしていいか分らずにいる」。「何事もあれよあれよで手がつけられずにいる有様だ。この事が予見出来ず、これまでに手綱がつけられなかった(＝制御できなかった)というのはいかにも智慧のない話である」(L23～L25)と書かれています。これは人間が**〈a 時代の進歩に追いついていけず、何もできなかった〉**のですから、たしかに「時代遅れ」といえるでしょう。それに「今の人が時代遅れだというのはそういう意味からである」とすぐあとに書いてありますから、これが**理由**ですね。これに最も近いことを説明しているのは、④です。だから**正解は④**です。④は、「拍手喝采《かっさい》」しているばかりで「手綱がつけられなかった（＝制御できなかった）」「この時代の人間」を「矛盾」していると説明していますが、これは、喜ぶだけで、何もできなかった「この時代の人間」を説明するとともに、否定的に見ていることになります。それは傍線部の「時代遅れ」という否定的なニュアンスと対応するし、「喝采して喜ぶというのはおかしな事だ」の「おかしな」という筆者のことばとも、「矛盾」という語は対応しています。**理由説明問題で正解になる選択肢は、傍線部とスムーズにつながる論理や表現のあるもの**でしたから、④の説明は、おかしいと思うのではなく、ヨイと判断すべきです。①は、「思想の対立」「に伴って科学の進歩で競い合い」という〈つなげかた〉がおかしい。つまり「思想」と「科学」が連動する関係がつけられている。問題文では、二つはたんに並列されているだけです。これはワースト3の選択肢の典型です。②は、「思想の対立」は「科学の進歩で克服できると考えていて」が問題文に書かれていません。ナシでワースト2の選択肢ですね。③は、「新記録に喜びを感じられなくなる（という矛盾）」という内容が、やはり問題文にナシです。

**解答** ④

## 問五 空欄補充問題（知識問題）

〈ものごとには程度というものがあり、やり過ぎるのは、やり足りないのと同じようによくない〉という意味の「過ぎたるは、及ばざるがごとし」という「論語」にあることばは、原典ではあいだに「猶《なお》（＝まるで。ちょうど）」という語が入ります。なので**正解は②**。

ムズ **解答** ②

## 問六 空欄補充問題

**空欄補充では、いつも空欄前後の文脈をまず確認**しましょう。この部分では、かつての筆者の考えかたが説明されています。地球が人間の住むところとして条件の悪い場所になる前に、人類の側が発達を遂げて地球の運命と自分たちの運命を切り離す（たとえば火星移住とか？）、そうすれば、〈僕ら、地球とは関係のない運命だからね。地球がいくら悪い環境になってもいいもん〉と割り切ることができる。究極に、「そういう目的」（L45）、つまり自分たち人類が徹底的に「進歩発達」して、地球との関係を断ち切るという目的がある。空欄**Ⅱ**の一行前の「そういう目的」という表現は、こうした内容を受けています。だから〈そんなことしたらまずいんじゃないの?〉と思えるような「病的な現象（例:自然破壊）」も「肯定出来る」。「そういう **Ⅱ** の変則な現われだと思う事が出来るから、総《すべ》てが割りきれた」というふうにつながっていきます。もちろん「目的」ですから、人類が抱くものです。そして**Ⅱ**直前の「そういう」という指示語は、**Ⅱ**の一行前の「そういう目的」を指していると考えられます。なぜなら**Ⅱ**の前の一文と**Ⅱ**を含む一文は、似た表現でほとんど同じ内容を示しているからです。

**a** そういう目的（＝人類と地球との切り離し）がある
↓
**b** 病的な現象も肯定出来る

＝

**A** そういう **Ⅱ** の変則な現われだと思える
↓
**B** 総てが割りきれた

という対応です。すると**Ⅱ**には一行前の「そういう目的」と同じ内容が入ればいいことになります。それは〈人類が進歩発達して地球と関係を断ち切る〉という目的です。「目的」とはそれを目指そうとする意志をもとにしている表現です。みんなの大学合格という「目的」も、〈大学に入るぞ!〉という意志があるから生まれたものですよね。だからこの「目的」に一番近いのは④「人類の意志」。なので**④が正解**です。② チョイマヨ の「人類の発展」も候補に上がります。ですが、「そういう」という指示語が受ける「そういう目的」とは、**L44**を読むと、人類と地球の切り離しが主であり、「発展」はそのための手段だとも読めるので、「発展」を**Ⅱ**に入れると、**Ⅱ**の一文前の「そういう目的」と内容的にズレが生まれ、前の文との**イイカエ**関係が不明確になる可能性があります。単純に「目的」に対応した「意志」ということばがある④のほうがいいです。① チョイマヨ の「地球の発展」も入りそうな気がしますが「発展」に関わり、「目的」や「意志」をもつのは「人類」で、「地球」ではありません。すると①と③はことばづかいに問題があり、文脈にそぐわないといえます。

大ムズ 解答 ④

12

**問七　抜き出し問題**

傍線部**C**の「分（読みは〈ぶん〉、あるいは〈ぶ〉）」とは、〈自分の身分、地位、立場。身のほど〉という意味です。だから「分を知る」というのは、〈自分の立場や身のほどをわきまえる〉という意味です。そしてそれを知らねばならないのは「個人の場合だけの事ではない」と傍線部直後に書いてありますから、人間全体が「知る」べきだ、ということだと思います。そして筆者がそう書くのは、傍線部直後にあるように人間が「思い上《あが》り」をしているからです。たとえば「日帰りで地球を一周する」(L56)なんてことを考える「動物は一つもない」。でもそれはいいことなのか？「人間がいくら偉くなったとしても要するにこの地球上に生じた動物の一つだということは間違いのない事だ」(L60)と志賀は書いています。つまり傍線部前後の文脈の内容をまとめると、**〈人間はすごいことを考え、なおかつそれを実現できるようになり、思い上がっている。だから分を知る必要がある。人間は地球の動物の一種類にすぎないということを忘れてはいけない〉**ということです。すると傍線部の「分（＝立場）」ということを、設問文の指示にあるように「具体的」にいえば、〈人間は動物の一種だ〉ということになります。こうした内容に、今引用した部分の、「地球上に生じた動物の一つ」という表現が該当しますが、残念ながら十二字です。設問条件は十一字ちょうどでした。でもここでしつこく同じような内容を探せば、傍線部**C**を含む段落の最後に「**自身が動物出身である事**」という表現があり、これはジャスト十一字。なので**これが正解**です。

**ムズ　解答　自身が動物出身である事**

**問八　空欄補充問題**

空欄Ⅲの部分は、動物と人間との**対比**です。動物の争いは何か「調和」のようなものを感じさせるが、人間の戦いは「残忍」さを感じさせる。この違いがどこから出てくるのか？　それは、動物はⅢの「内」において争うが、人間はⅢの「外」で戦うからです。

ここで傍線部**C**直後にある「人間のこの思い上りは必ず自然から罰せられる」という表現に注目してください。人間が過剰に進歩することが自然から罰せられるのは、人間が自然自体を破壊し、自然という枠組みからはみ出てしまうからでしょう。動物はあくまでも本能などによって自然の内側で生きている。だから動物の「強食弱肉」も自然の生態系や食物連鎖の範囲内のできごとです。でも人間同士の戦争は、科学技術に基づいた人工的な兵器を使いますから、自然の「内」にないものによって行われる。動物の争いと人間の戦いとの違いはここにあると考えられます。とすると、**正解は②**になります。①の「科学」と③の「思想」は動物には関わりのないものですから、一つ目のⅢに入りません。④チョイマヨの「地球の法則」がどのようなものかわからないので、戦争と地球の法則との関係も明確ではありません。また「殺し合い」が「地球の法則の外」で、というとまるで宇宙で戦っているようなイメージにもなる。人工的な科学技術による戦争が自然の法則からはみ出ているという「自然」と〈人工〉の対立という意味で②の内容はわかりますが、④の「地球の法則」は入れる根拠がないので、②を選ぶのが適切です。

ムズ　解答　②

**問九　傍線部の内容説明問題**

**「問題文ナビ」**でも説明しましたが、傍線部**D**の「マンモスの牙」は、あまりに大きくなりすぎたために、マンモスが絶滅する原因にもなったといわれることがあります。この「マンモスの牙」に喩《たと》えられているのは、傍線部の「思想とか科学というもの」です。「思想」と「科学」は進歩しすぎてしまったというのが、筆者のいおうとしていることでした。そしてそうした人間の行いは、「必ず自然から罰せられる」(L59)と筆者は書いていました。そうした内容をもとに傍線部の内容をまとめると、**〈人間だけが作りえた思想や科学が過剰なものとなって人間の手には負えず、人間を絶滅の淵《ふち》に追いやるものになってしまったように思われる〉**という意味になります。

こうした内容に最も近い選択肢は③です。科学と思想・政治を分けて説明しているところに違和感がありますが、筆者はたしかに「科学の限界」(L35)を設けるべきだと述べていました。また「思想の対立」が「第三次世界大戦」(L31)になるという人もよくいる、ということも書かれており、それらが「地球の破壊」や「人類滅亡」に結びつくという説明は、先にいった〈人間の作った思想や科学が『マンモスの牙』になってしまったように思われる〉という傍線部と合致します。よって**正解は③**です。

①は「地球を段々小さく狭くし、そのため人間はますま

す忙しくなる」という内容が問題文にナシ。ワースト2です。②は「常に進歩、発展を目指すべきである」という説明が、過剰な進歩に対して否定的な筆者の考えとバッティングし、ワースト1です。また「思想」が「不滅」だという内容もナシでワースト2もプラス。④は「科学の進歩に限界がないこと」が「人類の幸福につながる」という説明が、②と同じように筆者の立場に反します。また「特定の思想で統一すべき」だというような内容も本文には書かれていません。これもワースト1とワースト2が含まれている選択肢です。

ムズ 解答 ③

**問十 文学史の問題**

①「雪国」は川端康成の作品。③「夜明け前」は島崎藤村の作品。④「細雪《ささめゆき》」は谷崎潤一郎の作品。②「暗夜行路」は、短編の多い志賀直哉の作品の中で、唯一の長編小説であり、彼の人生を描いた自伝的な作品であるといわれています。**②が正解**です。自分の受ける大学・学部で文学史が出るかどうかは、早い時期にしっかりと調べて、対策を立てましょう。

解答 ②

お疲れ様でした。④私大上位レベルはハードでしたか？

でも「④でも行けたで！」っていう人は、ぜひ「私大最難関レベル」の⑤に挑戦してみてください。そして、問題文を読むときに意識すること、問題を解くときに意識すること、それらはいつも同じだということを忘れないでください。みんなの努力が実を結ぶことを願っています。